# 世界に通じるマナーと
# コミュニケーション
――つながる心、英語は翼

横手尚子　横山カズ

岩波ジュニア新書　857

# はじめに

　みなさんは「マナー」という言葉を聞いてどのようなイメージを持ちますか？　もしかしたら優雅でエレガントなセレブの立ち居振舞いを思い浮かべる人がいるかもしれません。あるいは、堅苦しい礼儀作法や冠婚葬祭の作法をイメージすることもあるかもしれません。電車の中や公共の場で他人に迷惑をかけている様子を見て「あの人はマナーが悪いな」と思ったり、サッカーの試合や大きなイベントのあとで、観客たちが自主的に観客席のゴミ拾いをしている様子などから「ファンのマナーが良い」と紹介され話題になったりすることもあります。

　ひと口に「マナー」といっても人によってイメージするものは少しずつ違っているかもしれません。相手や場所が変わればマナーも変わります。ただ、その根本にあるものは、一人一人の人間が持っている「心」とつながっています。

　この本では、そのマナーの本質に重点を置きながら、今すぐ実践できる方法や言葉づかい、異文化理解のマナー、英語コミュニケーションの極意をお伝えしたいと思います。

　ともに、楽しく進んでいきましょう。

# 目 次

はじめに

## 1. マナーって何だろう

- JALで学んだマナーの基本 ……… 2
- 託児の仕事とマナー ……… 6
- タクシー会社での経験 ……… 11
- マナーって何だろう ……… 14
- マナーは幸せをもたらす ……… 16
- 自己を確立するためのマナー ……… 19
- マナーは自分の身を守る ……… 21
- マナーはコミュニケーションの原点 ……… 23
- マナーに絶対はない ……… 25
- マナーと武道 ……… 27
- ◆インタビュー
  日本航空株式会社取締役会長　大西賢氏に聞く ……… 29

## 2. マナーの基本

- 第一印象の大切さ ……… 36
- マナーの基本5原則 ……… 38

| マナーの基本 1　挨拶 | 42 |
|---|---|
| マナーの基本 2　表情 | 48 |
| マナーの基本 3　身だしなみ | 52 |
| マナーの基本 4　言葉づかい | 53 |
| マナーの基本 5　態度（立ち居振舞い） | 56 |
| テーブルマナー | 60 |
| SNSのマナー | 62 |
| 身だしなみチェック項目 | 66 |

◆インタビュー
　弁護士　落合洋司氏に聞く ......... 71

## 3. 心をつなぐ言葉づかい

言葉づかいと敬語 ......... 78
　◆丁寧な表現／よく使う敬語／よく使う接客用語／間違って使われることの多い二重敬語／間違って使われることの多い過剰な敬語／間違って使われることの多いフレーズ／サ入れ言葉／レ足す言葉／ラ抜き言葉／身内のことを話す時／美化語／バイト敬語／肯定表現の活用／少しの工夫で相手を思いやる気づかいのある表現に変わる／感じのよい話法／若者言葉

◆インタビュー
　格闘家　前田日明氏に聞く ......... 93

## 4. 異文化理解のマナー──マナーと衝突は紙一重

異文化理解と力む前に ……………………………… 108

「あなたってどんな人？」 …………………………… 112
──おもてなしはジコチューから始まる!?

自分の個性を相手に伝える ……………………………… 116

訪日外国人による「不満ランキング」 ……………… 119

興味から ………………………………………………… 121

◆対談　横手尚子・横山カズ
　夢を受けとめる「英語4技能」を求めて ……… 125
　──個性とコミュニケーションのかけ橋

## 5. 心をつなぐマナーとコミュニケーションの英語

おもてなし英語 ………………………………………… 134

心をつなぐ英語　発音講座 …………………………… 137

聞き取れなくても大丈夫！ …………………………… 140

◆シチュエーション別、知っておくと便利な表現1
3大NGジェスチャーと相づち表現 ………………… 142

◆シチュエーション別、知っておくと便利な表現2
感謝の気持ちを表す …………………………………… 146

◆シチュエーション別、知っておくと便利な表現3
とっさの一言 …………………………………………… 148

◆シチュエーション別、知っておくと便利な表現4
異なった意見、反対の意見を伝える ………………… 154

◆シチュエーション別、知っておくと便利な表現5
お願いをしたり、頼みごとをする時の丁寧な言い方
(敬語表現) ............................................................ 158

◆シチュエーション別、知っておくと便利な表現6
相手に許可を得たり、自分から行為を申し出る時の
丁寧な言い方 ........................................................ 163

◆シチュエーション別、知っておくと便利な表現7
説明する、手助けする ........................................ 168

◆シチュエーション別、知っておくと便利な表現8
別れの挨拶 ............................................................ 171

人間関係・コミュニケーション力を高める small talk ... 173

日本文化を英語で伝えてみよう ............................ 177
——手持ちの単語を大きく生かそう

多国籍理解・多国籍のマナー ................................ 180

◆コラム1　JAL時代の訓練が人助けに…… ... 34
◆コラム2　板挟みとかけ橋と .......................... 75
◆コラム3　タービュランス(乱気流) ............ 104
◆コラム4　結婚指輪 .......................................... 105
◆コラム5　クーデターと遭遇 ...................... 190

あとがき ........................................................................ 191

　　　　本文イラスト：松本奈美

執筆分担：1、2、3章は横手、4章は横山、5章は項目ごとにS(横手)、または K(横山)と記載。

# 1.

## マナーって何だろう

# JAL で学んだマナーの基本

　私(横手)は5人家族、3兄妹の真ん中に生まれました。父は昭和ひとケタ生まれ、存在感が大きく、とても誠実で温かな人でしたが、礼儀作法に関しては私たち3兄妹は幼い頃から厳しく言われて育ちました。礼儀作法といっても、「目上の方を敬いなさい」「周りに迷惑をかけないこと」「挨拶をきちんとしなさい」「人に親切にされたら感謝の気持ちを込めてお礼を言いなさい」「食事の時は行儀よく食べなさい」などといった、ごくふつうの、当たり前のことです。特に茶道や華道などの作法を習ったわけではありません。日々の生活のなかで当たり前のように身につけたものですので、特別に「マナー」として教わったという意識はありませんでした。

　私はかつて日本航空(JAL)とジャルウェイズ(JALways)の国際線キャビンアテンダント(CA)をしていました。私がマナーについて系統的に学んだのは、大学を卒業したあと、JAL に CA として入った時からでした。厳しい客室訓練と実務経験を通して「お客様の視点に立ったおもてなしの心」を学びました。
　当時、JAL の新人 CA は、入社してから3~4か月の間、地上業務研修を受けました。各地の空港支店で、発券や搭乗の手続き、案内など、さまざまな地上業務を体験します。お客様を乗せて安全に快適に航空機一機を運航させるために、想像を超えてたくさんの人たちが関わ

っているということを身をもって体験するのです。

　地上業務研修が終わると、いよいよ本格的なCAの乗務訓練が始まります。毎朝9時(8時45分からホームルーム)から夕方17時まで(週2回はその後、体育館で12分間走をハイピッチで行っていました)、休む間もなく訓練が続けられます。訓練の内容は、サービス要員として飲食サービス(Meal & Liquor SVC)、英語、美容(ヘア・メイクアップや制服の着こなしなどのBeauty Lesson)、赤ちゃん対応(Baby Care)、旅客対応(Passenger Care)、接客方法(SVCマナー)、機内販売(Sales)、機内アナウンス(PA)、入国知識(C, I, Q: Customs, Immigration, Quarantine)、航路案内(Route Information)など。そして保安要員として、救急処置(First Aid)や非常救難訓練(Emergency)、保安関連(FLT Duty)、航空機知識(Aircraft)などがあります。

　身だしなみや立ち居振舞い、挨拶や言葉づかい、英会話、機内でのサービスの手順、安全対策など、さまざまな知識や技術を身につけなければなりません。科目ごとに厳しいテストも課せられます。身体検査も細かく厳密に行われ、規定の数値に達するまではラインアウト(訓練部を卒業し、CAとして飛び立つこと)させてもらえません。名札や制服のスカーフが少しでも曲がっていると叱られます。お客様に不快感を与えないヘアスタイル、メイク、爪のチェック、挨拶をする時の眉の表情まで厳しく指導されます。

それまでふつうの大学生だった新人CAにとって、そのような接客マナーを身につけるのは大変なことです。私も当初はとても苦労しました。たとえば、「よろしゅうございますか？」や「さようでございますか」という言い方をなかなかスムーズに口にすることができずに、とても困ったことを今もよく覚えています。

　JALには細かい接客のマニュアルがあって、CAはマニュアルを正確に実践することが求められます。人によってサービスに差があると困りますから、誰もが同じようにしなければなりません。
　このようにJALのマナーは「型」が求められますが、ただ機械的に「型」を身につければよいというわけではありません。マニュアルの根底にあるのは「心」なのです。始まりはすべてが「心」、それはゆるぎない事実なのですね。JALのマナーは、お客様に快適に過ごしていただくため、という明確な目的があります。
　「おもてなし（マナー）」は、「形式」や「マニュアル」という形を取ってはいても、「心」が土台になっているのだということをこの時に教わるのです。

　たとえば、お客様から機内のお手洗いの清潔さを褒めていただいたことがあります。私たちは、お手洗いをこまめに掃除します。掃除用の使い捨てビニール手袋も各飛行機に100枚搭載されていて、掃除のチェック項目も大変細かくなっています。お客様に少しでも気持ちよく使っていただきたいというおもてなしの気持ちの表れ

です。

　そしてもう一つ、一般的なCAのイメージとはかけ離れていると思われるかもしれませんが、CAのもっとも重要な仕事の一つが「保安要員」としての業務です。緊急事態が起きた時、お客様が急病や大けがをされた時にお客様の安全をどのように確保するか、繰り返し厳しく訓練を受けます。

　機内では笑顔を絶やさず、常ににこやかに振る舞っていますが、CAたちは周囲の音やにおい、温度、光などあらゆることに気を配って、異変があればただちにお客様のために適切な対応ができるようしています。このことは、相手への思いやり、つまり、もっとも重要な接客マナーの一つなのです。

　訓練時代には、教官の言っていることがあまり理解できないことも多くありましたが、今、マナー講師をするようになって、JAL時代に受けた教えの一つ一つが「ああ、こういうことだったのか」とより深く納得できるようになりました。

# 託児の仕事とマナー

　しつけの厳しい家庭で育ち、学習院大学を卒業、そして、日本航空のCAというと、人からは「何不自由なく育ったお嬢様」という目で見られることもあります。けれども実際のところは、順風満帆とは言いがたいことが実はいくつもありました。

　子どもを授かってすぐに離婚を経験し、11年間にわたってシングルマザーとして子育てをしてきました。「マナー」との出会いは(初めて関心を持ったのは)JALでしたが、マナーやおもてなしの心の大切さを痛感したのは、シングルマザーの頃です。育児をするためには、海外ステイの多いCAの仕事を続けていくことは難しかったので、後ろ髪を引かれる思いでCAを辞め、子どもといる時間を少しでも多く取れるようにしました。そして家にいながらできる仕事として、子どものための英語教室を始めました。

　児童英語教室は「一人でも多くの子どもに英語好きになってもらいたい」という気持ちから始め、下は2歳から上は15歳まで、多い時には30名の生徒さんが我が家に集まってくれました。初めて英語に触れる子どもたちばかりだったため難しいことは求めず、歌やチャンツ(リズムに乗せた言葉あそび)、ゲーム、フォニックス(英語発音の練習法)を中心に、英語独特の音、リズム、抑揚を五感で味わい、「英語は楽しい！」という感覚を

身につけてもらうようにしました。そのために私自身もJ-SHINE小学校英語指導者資格を取得して、徹底的に自身の発音を磨きなおすように努めました。

　子どもたちを英語好きにさせたいという思いと同時に、外国への興味を育みたいと思い、年に4回、海外の文化を味わえるパーティを企画しました。子どもたちに「いつか外国に行ってみたいな」と異文化への興味と、広い世界を見たいという気持ちを少しでも抱いてほしいと思いました。私がCAとして世界を飛び回った経験が大きな学び、宝になっているからです。

　パーティでは保護者を招いて発表会も行い、1人ずつ英語でプレゼンテーションする場を設けました。この発表を通して、コミュニケーション能力(マナー)を養いました。アイコンタクトや目線、大きな声、はっきりしたわかりやすい英語、笑顔、姿勢、ジェスチャー、落ち着いた態度、お互いを褒め合うことなどの大切さを子どもたちは身につけていったように思います。

　英語教室でさまざまなママ友と出会うなか、多くの方が遅い時間まで仕事に追われ、保育園や学童のお迎えの時間に間に合わせるために苦労していることを知るようになりました。そこで、働くママたちの手助けになると考え、資格をとり、子どもたちを家で預かる仕事を始めました。

　保育園や学童が終わる時刻に子どもたちを迎えに行き、家で夕食をとって英語やピアノ、宿題などをして、夜、

保護者の方が仕事を終えて迎えに来るまで子どもたちの世話をするのです。お母さんがお一人で子育てをしているシングル家庭のお子さんも複数いました。

この仕事を始める時、保護者の方々から、英語教室や託児だけでなくマナー（礼儀やしつけ）も取り入れてほしいと言われ、マナーも教えるようになったのです。

離婚してからしばらくは私の気持ちもたいていは沈みがちでしたが、たくさんの人たち（親兄妹、ママ友、息子の担任の先生、英語教室や託児に来ていた保護者や子どもたちなど）との関わり合いのなかで、思いやりへの感謝の気持ちは深まるばかりでした。

その恩返しのために何か行動したいと考え、子どもたちに英語と託児を通して礼儀やしつけも積極的に教えるようになったのです。

離婚してシングルマザーという事実は変わりませんが、人との出会いと交流で、淀んでいたはずの私の心は息を吹き返していました。

託児は、NCMA, Japan 英国チャイルドマインダーという託児業務で、MEDIC First Aid の幼児・小児救急救護法国際カードを取得して始めました。

礼儀といっても、特別に厳しい作法を教えたわけではありません。場所もいわゆる教室でさえありません。小さな家の限られたスペースです。せまい部屋で、たくさんの子どもたちが過ごすのですから、お互いに相手のことを考えてルールを守って行動しないといけません。それぞれが勝手な振舞いをすると混乱してしまいますし、

トラブルが起きる原因にもなります。このような場で、互いを尊重しあい、お互いに心地よく過ごすためには何が必要なのかという観点からマナーを教えようと思いました。せまい部屋だからこそ、授業の内容に説得力が出たように思います。

　周囲の人たちに不愉快な思いをさせず、自らも恥ずかしい思いをすることのないよう、基本的な礼儀を教えるように努めました。

　たとえば、玄関で脱ぐ靴。元気のいい男の子は盛大に靴を脱ぎ捨てます。しかしそれではたくさんの靴が玄関に散乱して迷惑になります。そして帰る時、靴を発掘するのに大変な時間がかかります。そういうことを伝えてきちんと靴をそろえることの大切さを教えました。

　ただ、一度でもこれがしっかりできると、すごくきれいで壮観！　なんだかうれしくなってきます。「靴をそろえる」というシンプルなことであっても、小さな子たちにとっては目に見える達成感があるのですね。

　気がつけば私が何も言わなくても託児所の入り口には、たくさんの小さな靴が靴屋さんのようにきれいに並んでいました。

　のどが渇いた時、「水っ！」と叫ぶ子どももいましたが、そんな時には、「水をください」とフルセンテンスできちんと言うように教えました。相手に正確に自分の思いを伝え、言葉を受け取る側の気持ちになるためにも、正しい言葉づかいが必要だからです。そのほか、挨拶、ご飯の食べ方、お箸の持ち方なども教えるようにしまし

た。
　何を教えるにしても、他の人たちへの「思いやり」を育むことを意識しました。この時の経験が、その後の私自身のマナーに対する考え方やマナー研修の方法に大きな影響を与えたと思っています。
　子どもたちは私の先生でもありました。

## タクシー会社での経験

　私(横手)はあることをきっかけに「マナー講師」としてお仕事をすることになりました。退職してからマナー研修を頼まれることが多くなったのですが、正直いって、自分にはあまり向いていないのではないだろうか、という疑問がふと頭をよぎることがありました。ところが、ある出来事がきっかけで、そのような思いが一掃され、マナー講師の仕事が「大好き」になりました。

　それは、あるタクシー会社で研修をさせていただいていた時のことでした。
　タクシードライバーは、乗客の安全を守り、お客様と接しながら目的地まで送り届ける仕事です。経験豊かなドライバーさんたちは、自分たちこそ接客のプロだという自負もお持ちです。そんなドライバーの方々に向かって当時若輩の私が「JALの元客室乗務員」としてマナー研修を行うといっても、好意的に受け入れられるはずがありません。
　「お高くとまった接客マナーなどいらない」「俺たちにはマナー講座なんて必要ない」と、とても冷たい目で見られてしまったのです。初めて経験するこの激しい拒絶反応に、当初は、私はひどく落ち込んで、悩みました。どうすれば、ドライバーの方々に受け入れられるのか？
　ドライバーの方々は、みな、それぞれのご経験からご自分なりの接客術を身につけています。それらを否定し、

押しのけるように私がマナーの型をお伝えしても意味がありません。そしてそれぞれのドライバーさんの接客術はすべてが非常に有効なことも確かでした。違っているのにすべてが有効。ここにヒントがあったのですね。

結局のところ、私は正直な気持ちを伝えました。

「正直にいうと、私もマナーを教えるのは苦手です。みなさまの気持ちがよくわかります。でも、お客さまに喜んでいただくためにはマナーの知識は役に立つんです。そしてお客様を大切にする気持ちは私も同じです！」と。

考えてみれば、私はドライバーさんたちの気持ちを理解しておらず、マナー講師失格でした。そしてそれからは、ドライバーのみなさんの思い、考えていることにだんだんと興味が湧いてきました。

マナーとは、「相手への思いやりの気持ちを具体的な形にして表すこと」。つまり大切なのは、「型」そのものではなく、「相手に対する思いやり」を持つことなのです。

JALで教わったマナーの根本にある「心」を伝えることの大切さをあらためて再認識しました。

そのことを意識して、研修では、「型」を伝えることよりも「相手に対してどのような思いを持つのか」「その思いやりの心を伝える方法としてのマナー」ということに重点を置いて研修を進めました。私は昔からおっちょこちょいではあるのですが、好奇心だけは人一倍ありました。子どもの頃からいつも「知りたい、知りたい！」が口癖で、今まさに目の前の生徒さんたちの気持

ちや人柄を知りたいと思えばいいことに気づいたわけです。
　形式や機械的な所作だけではなく、人として相手が誰であれ、興味を持ち、心を理解することの素晴らしさをより深く感じ取ることができるようになっていったのです。

　そうこうしているうちに、次第にドライバーの方々も心を開いてくださるようになりました。私からタクシー業界の本やネットには書かれていない生の声を聞くことが楽しくなり、教室には笑いが絶えなくなっていきました。そして、会話が弾むようになりました。そうして、最終的にはとても有意義な研修を行うことができました。
　人はみな、無視されるよりも関心を持たれるほうがうれしいですよね。互いに興味があれば、それが互いの存在を本当の意味で認めていることになります。その後お互いに打ち解けて、ドライバーの方々に、たびたび鍋パーティにお誘いいただくほど、仲良くなりました。今でも時折お便りのやり取りがあり、そのたびに私は当時の未熟さと感動を思い出します。
　「マナーは人の心から始まる」、そんな当たり前のはずのことが今でも輝いて感じられます。

## マナーって何だろう

　ところで、冒頭から「マナー」という言葉を繰り返し使っていますが、果たして「マナー」とは何でしょう？
　おそらくみなさんは「先生や友達、知り合いに会ったら挨拶をする」とか、「靴を脱いだらきちんとそろえる」「電車で年配の人に席をゆずる」など礼儀正しい行いが頭に浮かぶのではないかと思います。
　どれも正解です。

　マナーを国語辞典で調べると、「行儀」「礼儀」「作法」「人間生活や社会秩序を維持するために人が守るべき行動様式」「対人関係での気配りや敬意、慎みの気持ちに基づく行動の規範」などと書いてあります。
　これをもっとわかりやすくいうと「相手の立場に立って物事を考え、相手が欲しているものや、こうしたら喜んでくれるだろうと思えることを形や行動で表すこと」だと思っています。つまり、「相手を大切にする気持ち（思いやり）を相手にプレゼントすること」といってもよいかもしれません。
　もし、人から思いやりの気持ちをプレゼントされたら、うれしくてお返しをしたくなりますよね？「思いやりのあげっこ」をすることで、人間関係がスムーズに流れるようになります。つまり、マナーは人間関係における潤滑油のような役割を果たしてくれるのです。
　いくら心のなかで相手を思いやっても、それだけでは

意味をなしません。相手に思いを伝えるには、言葉や物、あるいは行動で表さなければならないからです。逆にどんなに感じのよい笑顔や素敵な身のこなしをし、きれいな言葉を並べたてたとしても、心が伴わなければ、本当のマナーとはいえませんし、いずれはそれが見抜かれてしまうものです。

　中学生や高校生、大学生のみなさんのなかには、マナーなんていうのは、社会人になってから学べばいい、と思っている人もいるかもしれません。もちろん、社会に出てから社会人として身につけるべきマナーもありますが、それだけでなく、いま、学校や家などふだんの生活でも友達や家族の人と接する時に知っておくととても役に立つマナーもあるのです。
　2章以降で紹介する、具体的な身だしなみや敬語、立ち居振舞いなども、相手を大切にする気持ちや周囲に対する思いやり（気配り）が根底にあるのだということをお伝えしておきたいと思います。
　これらは、学校でも、仕事でも、お友達や家族の間でも必要なことで、あらゆる人間関係を円滑にするために、とても大切なことだと思います。

　「やってみると、なんだか楽しくなってる」、そんなマナーを追いかけていきましょう！　心のかよったマナーの先には笑顔が必ず待っています。

# マナーは幸せをもたらす

　かつては子どもは幼い頃、家庭や学校で親や教師、あるいは近所のおじさんやおばさんから、言葉づかいや礼儀作法について口を酸っぱくしてしつけられることが多くあったように思います。人に迷惑をかけたり、間違った行いをした子どもに対して真剣に注意をしてくれる大人が周囲にいたものです。

　けれども最近は、それぞれのご家庭の考え方にもよりますが、家庭で厳しいしつけをすることが少なくなっているような印象があります。地域のなかでもそのような光景を目にすることはほとんどありません。学校でも礼儀作法などについて厳しく教える機会が以前より減っているようにも思います。

　また、実際に人と触れ合うよりもインターネット上で過ごす時間のほうが多い、というのも時代の流れなのかもしれません。

　私は若い社会人の方々のマナー研修をすることも多いのですが、そんな社会の変化を肌で感じています。

　時代の流れといえばそれまでですが、手段は変われど人は人と関わっているし、会って話すことがなくなることはありません。公共の場でマナーをわきまえず傍若無人な振舞いをしたり、正確な言葉づかいができなくなることは避けたいものですね。

　日本では一般的にマナー（ビジネスマナーやテーブル

マナー)は社会人になってから学ぶものと思われることが多いですが、本当のマナーはそのずっと前から自分で磨きをかけておくことができるのです。

　みなさんのなかには、アルバイトをする時や就職活動で面接を受ける時になって初めて、慌ててマナーのマニュアル本と向かいあうこともあることでしょう。

　短期間で学んだものはどうしても「演技」の側面が強くなり、自分の心の動きの表現としては出にくいものです。短期間であるとはいえ、必死で覚えたマナーが「心を伴わない上辺だけのもの」や「形やテクニックだけのマナー」だと思われてしまっては、こちらも悲しくなってしまいますよね。

　ぎこちない敬語や感情の伴わない(丸暗記したことがありありとわかるような)言葉を並べたり、ひきつった笑顔はその「場」の雰囲気を悪化させてしまうことさえあります。

　自分がしたことで相手が喜んでくれたり、「ありがとう」という感謝の言葉をかけられた時、人はうれしくなるものです。私は、この「思いやりの気持ちを相手に伝えること」は人が生きていくうえでもっとも大切なことの一つではないかと思っています。

　マナーはこれらの「心から思う気持ち」をよりよく相手に伝えるために覚えておくものです。それ以上でもそれ以下でもありません。ゆえに本当のマナーには、自分にも相手にも幸せな気持ちをもたらし、人間関係を円滑にする力がそなわっています。これは社会人になってか

ら身につけるものではありません。できるだけ早いうちから、家族や友達と接する時に身につけておきたいものです。

　マナーを守って、身近な人、目の前の人を大切にすると、その快適な雰囲気は人から人へと伝染して、良い「空気」を作り出してくれるものです。

　自分の話し言葉や立ち居振舞いがそのままこちらの気持ちを相手に伝えることになったら、どんなに素晴らしいことでしょうか。なにより、自信を持って人と話し、友達を作り、新たな世界に踏み込むきっかけをもたらしてくれるのではないでしょうか。

## 自己を確立するためのマナー

「マナーは相手に対する思いやりの気持ちを表すもの」とお伝えしてきましたが、実は、マナーは「自分を粗末にしない」ためのものでもあるといえます。

相手を尊重し思いやるということは、単に相手の言いなりになることではありません。相手の言うままに従うことは、決して相手を大切にすることではない、ということを、まず理解してほしいと思います。

相手の立場に立つ、相手のことを考える、相手に関心を持つためには、まず自己を確立することが重要です。とりわけ、これから広い社会に出ていく10代の若い世代の人たちは、自分の意見を持ち、自分で考え、悩み、工夫をし、答えを見つける、そして良い意味で批判できるようになることが大切なのです。

つまり、相手を尊重するということは、自分を大切にすることなのです。

自分の意見をしっかりと持ち、それを相手に正しく伝える。マナーというのは、そのようなコミュニケーションの手段なのです。正しい言葉づかい、敬語が大切だというのは、それが自分の意見を正しく相手に伝えるための手段だからなのです。誤った言葉づかいでは、決してあなたの気持ちは相手に伝わりません。

人と人が関わりを持てば、時にはけんかをすることもあるでしょうし、意見が対立して議論が白熱することも

あります。けれどもその際には、きちんとした言葉を使って自分の思いを伝えることが大切です。

　自分の心のなかの思いをきちんとした言葉で話せるようになることは、自分の個性についてより深く知ることになります。

　心のなかにある思いは言葉にすることによって、より明確になります。そしてそれを相手にわかりやすい言葉で話すことが、相手に対する礼儀なのです。互いの存在を認め合うために。これはいろいろな国の人とコミュニケーションを図るうえでも大切なことです。

　相手がどのような立場の人、どのような国の人であっても、自分の気持ちをきちんと伝えること、相手のことをきちんと理解すること、この２つの重要性は不変です。

　相手の言葉がわからないからといって、なんでも「はい、はい」と言うのは良いことではありません。意に沿わないことにもかかわらず相手の言うままに従ったり、自分の気持ちを伝えずに表面的に取りつくろっただけのコミュニケーションをとったりするのはむしろマナー違反だといえます（異文化・異言語コミュニケーションについては別章で詳しく説明します）。

　その場の空気を読む状況判断は大切ですが、それは相手のために自分を百パーセント犠牲にすることではありません。相手を思うのと同じくらい自分のことを大切にしてほしいと思います。マナーもコミュニケーションも「互いの存在を認め合う」ことが前提ですから。正しく自己主張をすることは決して失礼なことではないのです。

# マナーは自分の身を守る

 別の見方をすると、マナーは、自分の身を守るためのものでもあります。なぜなら、マナーの知識があれば争いごとやトラブルを回避することにつながるからです。
 けんかや口論などは、たいていの場合、ちょっとした心ない言葉がきっかけになって相手を刺激したり、小さな行き違いが引き金となります。「ささいな一言」ほど軽く扱ってしまいがちです。注意が緩み、結果として、大きな問題となることが多いのですね。
 きちんとした言葉を使って丁寧に話し、相手を尊重する思いを示すことで無用なトラブルの多くを回避できるのです。

 社会のなかでは、時には、衝突を避けられないこともあります。日常生活で、仕事の場、仲の良い友人との間……、衝突はどこにでも起こりうるものです。日本のことわざにもある「口はわざわいの元」「親しき仲にも礼儀あり」は、実は国際的なコミュニケーションにも役立つ極意です。また、万一トラブルが起きても、マナーの心得があれば、起こってしまった衝突を和らげることもできます。
 いま、学校ではいじめや学級崩壊などが大きな問題になっています。心ない言葉で友人を傷つけてしまったり、小さな誤解が大きなもめごとに発展してしまうこともあります。そのようなニュースに触れるたび、私は「マナ

ーを小さな頃から深く学んでいれば……」と考えてしまいます。

　ソーシャル・ネットワーキング・サービス(SNS)を通したいじめが社会的な問題となって久しく、時にはそれが人の命まで奪ってしまうことは悲しいことです。ゆえに、SNSを使う時のマナー(別項で詳述)を徹底したり、相手を傷つけないマナーを学ぶといったことが学校の教育現場で行われれば素晴らしい、と私はよく考えます。

# マナーはコミュニケーションの原点

　人が社会で生きていくうえで、さまざまな人と関わりを持つことは重要です。あなたが何かをやろうと思った時、きっと見えるところで、そして見えないところでさまざまな人との関係が生まれ、協力を得ることになるでしょう。

　人間関係・コミュニケーションから始まる行動のきっかけとなるのはマナーです。世代が違っていても、性別が異なっていても、国籍や文化的な背景が違っていても、基本的なマナーを身につけていれば、世代を超え、性別を超え、国を越えて、ためらうことなく一歩を踏み出せるのではないでしょうか。

　若い人たちが友情を育み、恋愛をしたり、仕事に励んだり……あらゆる局面でさまざまな人と関われることを楽しみ、よりいっそう、深く味わうことができるようになっていくのではないでしょうか。

　マナーは「自分らしさ」を大事にしながら世界中の人々と関わっていくために身につけるものであって、決して一部の「特別な」人々やセレブだけの特権ではありません。マナーは人を選びません。

　公共の場で傍若無人な振舞いをする若者や、他人に対して失礼な言動をする若者に向けて、「最近の若者はマナーを身につけていない」と非難する声を聞くことがあります。

これらは、マナーの知識がないというよりは、その根本である他者に対する興味や関心の低さの表れといえることなのかもしれません。自己中心的で他人に無関心であれば、マナー違反の振舞いをすることになります。はじまりはすべて「心」なのです。

　周囲の人たちに関心を持てば、自分の振舞いについて相手がどう感じるのかが気になるはずです。公共の場で仲間うちで大声で騒いだり、道を歩きながらスマホのゲームに熱中したり、満員電車で大きな荷物を背負ったままでいたり、といった行為が他人の目にどう映っているか気になりますので、おのずからどのような振舞いをすればよいのか、判断できるのではないかと思います。

　いつも目の前にいる人が何を感じているか関心を持ってみましょう。電車に乗っている間だけでもいいので、スマホを触らずに周りの人たちの表情や、流れゆく風景、空気の流れ、風のにおい、といった無数の情報に対して自分の「センサー」を解放してみましょう。要は、目の前の小さな画面から自分を解放してやればいいのですね。開けたことのない窓の向こうを見るように。ちょっとした外部への関心が、独りよがりになることを防いでくれます。他者に興味を持つことをいつも心掛けることが得意になってゆくわけですね。大げさなことは必要ありません。それが社会の一員としてまず求められるべきことではないかと思っています。

# マナーに絶対はない

　相手を思いやるマナーに地球上のどこでも通用する万能のマニュアルがあるわけではありませんし、決まった「型」があるわけでもありません。日本国内でさえそうです。

　どれだけ相手に興味を持つか、相手のことを考え、相手が何を欲しているのかを察し、見極めることが大切です。10人いれば、接し方に10通りの方法があるといえるのではないでしょうか。

　マナーには、基本的な型はありますが、それは、さまざまな理由で、それが多くの人にとって心地よいものであるから、その型が出来上がっていったのです。つまり、型が先にあるのではなく、まず相手に対する思いがあるのです。

　型を知ることは重要ですが、それが必ずしも絶対でなく、人それぞれ、相対的であるということを知っておいてほしいと思います。「なぜその型が存在しているか？」と問い、考え、判断することが何より重要なのです。

　ですから仮に、その場にふさわしい礼儀や作法の知識がなかったとしても、慌てずに、まず相手の立場に立って振舞うことを念頭に置いておけば、大きな失敗はないように思います。

　そして、礼儀作法は言葉と同じく流行りすたりもあれば、無数に分化もしてゆきます。しかし、その一つ一つに本質的な価値の差はありません。すなわち特定の作法

が地球上のどこでも万能、とはいかない場合もあります。方言を覚えるように行く先々で人々の立ち居振舞いに目を向けてみましょう。そして、文化の異なる土地に行く時には、あらかじめ調べておき、現地で微調整するのが来訪者としての「おもてなし」といえるでしょう。

　マナーは相手によって、そして社会の変化によって変わっていくものです。これまでに作られてきたマナーを知ることはもちろん大切ですが、そのうえで、いまの時代に必要な新しいマナーを作っていくことも求められています。好奇心とマナーは一心同体です。
　SNSでのコミュニケーションが盛んになったいま、ネット上のマナーなども求められています。マナーを学ぶと同時に、みなさんが新しいマナーを作っていくという意識を持つことも必要なのではないでしょうか。

# マナーと武道

　私(横手)が修行している少林寺拳法という武道の教えに「自他共楽」という言葉があります。「半ばは己の幸せを、半ばは他人の幸せを」考えるという意味です。

　私は40代になってから少林寺拳法を始めました。以前から武道に興味を持ちながらも、なかなかきっかけがなかったのですが、育児に少し余裕ができてきたある日、道院(道場のこと)の看板を見つけて覗いてみました。道院長の、柔和ながらきりりとした佇まいに一目で魅了されてしまい、3日後には練習に参加していました。

　少林寺拳法は、日本で創始された、拳禅一如の修行法をとる護身を旨とする武道です。教えの中心は「自己確立」と「自他共楽」です。

　「少林寺拳法の拳士は、自己の可能性を信じる生き方ができる人間、主体性を持った生き方ができる人間、他人の幸せを考えて行動できる人間、正義感と勇気と慈悲心をもって行動できる人間、連帯し協力し合う生き方ができる人間になることを目指します」(少林寺拳法『金剛禅読本』より)

　護身のための武道とは、攻撃のためのものではなく、自分の身を守りながら、相手もできるだけ傷つけることのないように守るということです。

　自他共楽とは、自分も相手も共に幸せになることを意味します。相互の身を守るという考え方は、思いやりと

敬いの心、つまり相手を尊重する究極のおもてなしといえるのではないかと思っています。
　少林寺拳法の道場は世界のどこであっても履き物は靴屋さんのようにきれいにそろえられています。

インタビュー

## 日本航空株式会社取締役会長　大西賢氏に聞く

◆ これまでに経験された「おもてなし」のなかで特に印象に残っていることはありますか？

　以前、鹿児島に短い期間でしたが住んでいたことがあります。鹿児島といえば焼酎です。焼酎は黒千代香（くろぢょか）という黒い酒器に入れて飲むのですが、飲む前日に、黒千代香に焼酎と水を入れて一晩馴染ませておくととてもまろやかな味わいになります。

　鹿児島に初めて行って、一晩寝かせた美味しい焼酎をご馳走になった時、とても心を動かされました。焼酎は値段の高いお酒ではありませんが、私のために１日前から準備してくださっている、ということに感動したのです。そのような心づかいは素晴らしいと思いました。

　鹿児島で生活していると、たとえば幼稚園児が道路を横断する時、横断歩道を渡り終わったあとに、停車している車に向かって頭を下げてお辞儀をする様子をよく目にしました。

　また、住んでいるマンションの駐車スペースに停めていた私の車に、ある朝、大きな段ボール紙に太いマジックで「昨晩、車をぶつけてしまいました。すみません。私の連絡先は～」とお名前と連絡先が大きく書かれて置いてあったこともあります。車を点検しても特に目立つキズは見つからなかったので、おそらく軽く接触した程度だったのだと思います。ふだんから段ボール紙や太いマジックを携行しているとは思えませんから、おそらく、この方は、一度ご自宅に戻ってから、またこの紙を置きにわざわざ来られたのではないでしょうか。

　鹿児島には、このような、人を大切にする心を育てる文化が根付いているのだと思いました。

◆ **日本には「おもてなし」が文化として根付いているとお考えですか?**

　日本は「おもてなしの国」というイメージが一般には強いようですが、実はそうではないのではないかと思います。接客の際に、お客様に対しては、笑顔を振りまいて丁重に対応しますが、いったん、その仕事を離れて、たとえば町中を歩いている時など、知らない人、特に外国人に対する態度は実にそっけないような気がします。できれば寄ってこないで、というような雰囲気を漂わせていたり……。

　もちろん、悪意があるわけではなく、ある意味では控えめなのかもしれません。それは奥ゆかしさの表れで、日本文化の美しい点かもしれませんが、人と付き合う、コミュニケーションをとるという観点からは、マイナスの面があるように思います。一方、ラテンの国の人などは、誰に対しても人懐っこく接してくれますから、すぐに心を開けるような気がします。

◆ **海外で「おもてなし」を深く感じたことはありますか?**

　海外だからといって特別に何かを感じることはありません。国の違いというよりも、個人として、相手とどう接するか、相手をどう思うか、ということに尽きるのではないでしょうか。文化や、食べ物、習慣の違いで、人によって心の表し方は違いますが、根っこは同じ。相手のために自分のできる最高のことをしてあげようと心から思う気持ちは、国が変わっても違いはありません。ですから、日本人が外国の人をおもてなしするからといって、無理に日本特有のものを差し出す必要もありません。

◆ **海外で異なる文化に触れることにどのような意義があると**

思われますか？

　海外に行くことの意味は、異なる文化のなかで、表し方は異なっていても実は共通している相手の思いや意図を誤解せずにくみ取ることに慣れるということでしょうか。

　海外であろうと日本であろうと、異なった考え方に触れるということは大切だと思います。

　子どもが育つ過程で、父性的なものと母性的なものの両方に触れることが必要だと思います。いま、さまざまな家族の形がありますから、父親＝父性、母親＝母性とは限りません。父親＝母性でもいいですし、LGBTやシングル家庭の親が1人で父性と母性の両方を発揮するということもあるでしょう。とにかく、子どもの頃に、いろいろな考え方がある、同じ方向に向かっていても人によって表し方に違いがあるということを知る必要があると思います。

◆ *海外から大勢の留学生をご家庭に受け入れられているそうですが、どのような思いでそのような活動をされているのですか？*

　私自身は海外留学の経験はありませんが、私の子どもたちはアメリカに留学して、驚くほど成長しました。ですから、そのお返しをしたいという思いで海外から留学生の受け入れを始めてもう30年になります。日本語がまったく話せずに意思疎通ができなかったり、宗教上の理由で食べられないものがたくさんあって料理の献立に悩まされたり、大変なこともありましたが、どの子も日本でさまざまな体験をして成長して帰っていきます。私の妻の誕生日には、世界中からお祝いのメッセージが寄せられます。最近は、ホストファミリーとの間でうまくいかない留学生を一時的に受け入れる駆け込み寺のようなことをや

っています。

◆ **大西会長にとって英語はどういうものですか?**

　英語はコミュニケーションのツールです。近い将来、性能の良い自動翻訳機ができると思いますが、やはり、自分の気持ちを伝えるためには、単語のニュアンスの違いなどを理解できないといけないのではないでしょうか。たとえうまく話せなくても、相手の目を見ながら、相手が何を言いたいのかなんとなくわかる、そういうことが大事なのではないかと思います。

　私の一番の先生はNHKの語学講座です。ジョギングする時に走りながらポッドキャストで聞き、通勤の時にシャドウイング(shadowing　聞いた英語を、聞こえたとおりに続けて発音する学習法)しています。語学は勉強に費やした時間の分だけ必ず伸びます。2~3か月単位で、一気にレベルが上がっていくのを感じます。特に聞くことは大事で、リエゾンが聞き取れるようになり、自分で声に出せるようになると、その音が聞いた時にちゃんと耳に入ってくるのです。私は中学、高校の時は、教科書を音読していました。自分が発音できない音は聞き取れないと言いますが、そのとおりですね。

◆ **本書の読者である中高生にメッセージをいただけますか。**

　これからの時代は、「熟成」を待つのはやめたほうがいいと思います。大人になれば●●ができる、会社に入って偉くなれば××ができる……ではなく、とにかく今すぐ全力でやってみるのです。

　たとえば、今、自動運転の技術が注目されています。世界中の秀才が集まって研究していますから、一気に技術が進んでいくでしょう。そういう時代に、「私はまだ若いから」「まだ時間

があるから」などという発想は通用しません。どんな年齢であれ、自分がその分野に興味があるなら一気に突き進んでいけばいいのです。

　試行錯誤して、失敗することを恐れる必要はありません。日本では先の見通しが立たないと、周囲の大人が「それは無理だからあきらめろ」と言って止めますが、まずそれを改める必要がありますね。ルールがないなら、ルールができるまで待つのではなく、ルールがないなら何をやってもOK、どんどんやります！というマインドがもっとあってもよいのではないかと思います。それが0から1を生み出すことにつながっていくのではないでしょうか。今までの延長線上で、将来の社会はこうなる、という発想ではなく、先の目的を見据えて、そこに行くためにはどうしたらいいのかを考えるという発想ですね。

　若い人たちには、人生はいくらでもやり直しがきくんだよ、何にでもトライしたほうがいいよ、それが楽しいと思うよ、というメッセージを送りたいです。そして、僕らがそれをバックアップするよ、と言ってあげたいですね。

**大西賢**（おおにし・まさる）さん

東京大学工学部卒業後、日本航空株式会社に入社。整備本部副本部長、日本エアコミューター株式会社社長等を経て、日本航空株式会社代表取締役社長に。2014年より取締役会長。

## ◆コラム1　JAL 時代の訓練が人助けに……

　ある日の午後4時過ぎ、人で溢れかえる JR 渋谷駅の上り階段の踊り場に、いきなり目の前から中年男性が頭から滑り落ちてきました。

　白目をむき、意識を失っている様子。バイタルサイン（脈拍、呼吸、意識など）を確認したところ、意識がない……。

　「駅員さんを呼んでくださ〜〜い！」と大声で叫ぶものの、人だかりができる一方で、誰も動く気配がありません。

　そこへ看護師さんが現れたので、ケアを任せ、私は即座に人混みをかきわけ、大声で駅員さんを呼びに改札へと走りました。そして AED（自動体外式除細動器）と救急車の手配をお願いしました。

　急いで戻ると、看護師さんが心臓マッサージを始めていました。顔色はみるみるうちに紫色に。頬を触ると、先ほどと違って体温がない。冷たい。焦る。

　AED 到着後、急いでパットを2枚胸部に貼り付け、心臓マッサージを替わりました。その後駆けつけたドクターに続きをお願いし、私は AED のボタンの2度目を作動。

　その瞬間瞳と頭がかすかに動き、意識を取り戻しました。自分の名前まで言えるようになり、そのうち救急車が到着。

　よかった……。

　このような急なハプニングの時こそ、沈着冷静でいられる自分、改めて CA 時代の First Aid や救難訓練が未だに生き続けていることに喜びを感じました。

　JAL に足を向けて眠れません。

# 2.

## マナーの基本

# 第一印象の大切さ

相手に対する印象は、出会った最初の6秒間で決まるといわれています。最初の3秒で目からの情報をキャッチし、続く3秒で印象を判断するそうです。また、"The FIRST impression is the LAST impression."(第一印象は永遠に続く)ともいわれています。

つまり、最初に良い印象を与えることができれば、その後、多少の失敗をしても、相手の不快感をカバーしてくれるという効果があるのです(初頭効果)。

「メラビアンの法則」をご存知でしょうか？ アメリカのカリフォルニア大学ロサンゼルス校(UCLA)の心理学者アルバート・メラビアンが1971年に提唱したものです。人の第一印象を決定づける情報の55%は「視覚情報(見た目、表情、しぐさ、態度など)」、38%が「聴覚情報(声のトーン、ボリューム、ピッチ、口調)」で、残りの7%が「言語情報(言葉そのものの意味、話の内容など)」であるということを説いた概念です。

つまり、相手に与える印象の半分以上が「見た目」で、次いで、「声の印象」であるということ(視覚情報と聴覚情報で印象の9割が決まる)から、初対面の相手と会う時は、身だしなみに気を配り、できるだけ感じのよい挨拶をすることが重要になってきます。第一印象が良ければ、その後のコミュニケーションをとりやすくなるからです。

逆に、第一印象が悪かった場合、それが相手の記憶に強く残ってしまうため、その後努力を重ねても、負のイメージを拭いとることが難しくなってしまいます。

　ちなみに、見た目や声に加えて、においなども、重要な要素になります。たとえば、人に会う直前にギョーザを食べて、ニンニクのにおいを漂わせているようなことは好ましくありません。また、面会時刻ぎりぎりに駆け込んで、額に玉のような汗を浮かべていたり、汗ばんで暑苦しい印象を与えることのないように注意することも必要です。

　組織に属している場合、たった１人の印象が悪かったために、組織全体のイメージを損ねてしまうという可能性も出てきます。

　こう考えると、いかに第一印象が大切であるかということがおわかりいただけるでしょう。そう、「出会いが勝負なのだ」ということを心がけましょう。

# マナーの基本5原則

　マナーには基本的な5つの原則があります。状況に応じて、「接客・接遇5原則」「CS接客5原則」「コミュニケーションの5原則」「ビジネスマナー5原則」などと紹介されることもありますが、どのような場であっても知っておくべきマナーの基本といえるものです。

　もともとこれはJALで作られた考え方がベースになっています。1960年代、アメリカに巨大航空会社パンアメリカン航空という会社がありました。パンナムという呼び名でよく知られているかと思います。当時（1960年代）、日本航空は太平洋路線を飛び始めたばかりで、施設や機材の保有数といった「モノサービス」ではパンナムにはとても敵いませんでした。

　そこで、パンナムに勝つ航空会社になるために、「モノ」ではなく、「ヒト」のサービスを改善することで対応しようと考え、欧米からCS（Customer Satisfaction：顧客満足）という言葉と考え方を最初に日本に持ち込んだ（のが日本航空だ）といわれています。そしてCS接客の5原則を打ち出すことで、大きな航空会社へと成長することができるようになったのです。

　このCS接客の5原則が一般の社会にも広がっていき、現在のマナー基本5原則のベースになりました。

　JALでは、「マナー」は、「形式」や「マニュアル」以前に「心」が土台になっているのだということを徹底

的に教わります。そのうえで、CS接客5原則(接客対応の基本5項目)に沿って厳しい教育を受けます。

たとえば、
①身だしなみ
　頭からつま先まで厳しい美容基準が定められています。私が新人だった頃は、髪の毛を襟足につかない長さにばっさり切らされました。現在は、後ろで一つにまとめるシニヨンも認められています。

　前髪が前に落ちてきたり、ネームバッジが少しでも曲がっていたり、胸のスカーフの偏りや結び方の甘さは許されません。口紅は暗い機内でも映える鮮やかなピンクや真っ赤なもの(現在の身だしなみ規程では、明るく顔映りがはっきりする色、ピンク系、ローズ系、オレンジ系を使用してもよい)、お客様よりも華美な時計や指輪も認められません。イヤリングやピアスは直径5ミリ以内の球形、素材は金、銀、プラチナ、白パール(黒真珠は不可)だけが認められています。

②表情(笑顔と目線)
　相手に安心感と信頼感を与える表情、状況に即したいろいろな笑顔。
　1. 80%程度の笑顔(フルスマイル)　第一印象を決定づけるお出迎えやお見送りの時。面接の入退室の時。
　2. 50%程度の笑顔(ハーフスマイル)　サービス中やお客様と話をする時。面接で話をする時。

3. 微笑(アルカイックスマイル) ジャンプシート(CAが座る折りたたみ用の補助席)に座っている時や通路を歩いている時。面接中、他の受験者が話をしている時。

　いつどんな時に見られても、声のかけやすい柔和な表情、目元もやさしく、常に口角が上がっている表情を身につけます。また、笑顔だけでなく、お客様に共感や同情を示す表情作りも身につけます。
　また、「目」は、その人の心の豊かさや誠意をもっとも如実に表します。
　目線は、お客様に誠意や優しさを伝えるうえでもっとも有効なコミュニケーション・ツールであり、柔らかな目線によってお客様は「自分の存在を確認してもらった」「受け入れてもらった」といった安心感を抱くことができます。
　たとえば、小さなお子様や座っているお客様、車椅子のお客様に話しかける時には、しゃがんで目を合わせるようにします。

### ③話し方(言葉がけ)
　正しい日本語と敬語、優しい話し方などを、ロールプレイングを通して徹底的に学びます。

### ④挨拶(姿勢とお辞儀)
　よい姿勢と美しいお辞儀(挨拶)の習得。そこに立っているだけで美しい人になることを目指し、いつでも美し

い立ち姿を保つようにします。良い姿勢は美しいお辞儀のベースにもなるため、繰り返し練習し、美しい佇まいを身につけます。

**⑤立ち居振舞い**
　歩き方、方向指示、荷物の持ち方、物の受け渡し、お食事のサービス、機内アナウンスのマイクの持ち方など、丁寧で感じのよいきれいな立ち居振舞いを習得します。

　これらの5項目を、これでもか！というくらい厳しく徹底的に指導されました(時に寝食を共にし、励まし合いながら厳しい訓練を乗り越えてきた21名の同期と、私たちを最後まで真剣に温かな愛情で指導してくださった教官には心から感謝しています)。
※現在は、1．表情、2．視線、3．話し方、4．立ち居振舞い、5．身だしなみという5項目に沿って教育されているようです。

　CS接客5原則がベースになったマナー基本5原則は、相手への印象を決定づける、以下の5つのポイントからなっています。
　相手に「またあなたに会いたい」と思ってもらえるようなマナーをぜひ身につけてください。

マナー基本5原則
1．挨拶　2．表情　3．身だしなみ　4．言葉づかい
5．態度(立ち居振舞い)

## マナーの基本1　挨拶

　挨拶はコミュニケーションの第一歩です。人間関係の要であるといってもよいかもしれません。相手に心地よく感じてもらえる挨拶ができると、その後の会話も円滑になります。笑顔や明るい声のトーン、滑舌を意識し、相手の目を見て、心に届く気持ちのよい挨拶を心がけましょう。

〈挨拶の意味〉
　「挨」：自らの心を開くこと
　「拶」：相手の心に迫ること
良い挨拶とは、
▷ **あ**かるく（相手の目を見て笑顔で明るく元気に！）
▷ **いつでも**（いつでも忘れずに！）
▷ **さ**きに（先手必勝！　自分から先に！）
▷ **つづけて**（毎日続けて！　ひと言続けて！）

　たとえば、「こんにちは」に何かひと言（気配りの言葉）を添えることで、コミュニケーションが広がります。「京子さん、こんにちは。おしゃれなワンピース、すごくお似合いですね」「藤田さん、おはようございます。今日は暖かいですね」。

### ◆ お辞儀

　お辞儀は日本特有の文化で、挨拶をする時にはお辞儀が伴います。日本における挨拶は、お辞儀で始まり、お

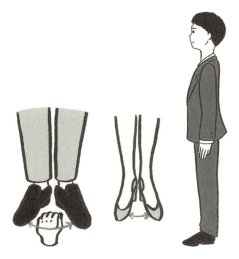

辞儀で終わります。つまり、礼に始まり、礼に終わるということです。

〈お辞儀の意味〉

お辞儀はもともと、家臣が主君の前で平伏するように、急所である頭頂部を相手に差し出すことによって相手への服従を示す行為だったといわれています。

〈お辞儀のポイント〉

**A　姿勢**

かかとを合わせ、つま先は軽く開けて立つ。

男性はこぶし1個分程度開き、女性は男性よりも間隔をせばめて開く。

立ち姿は、頭から腰、ひざ、くるぶしまで一直線。胸

を開き、肩のラインは水平に。

B　アイコンタクト

　日本人は、相手とのアイコンタクト（目線合わせ）を避ける傾向が強いといわれています。アイコンタクトは互いに目を見ることですが、これはコミュニケーションの、そして非言語コミュニケーションの基本でもあり、「目は心の窓」といわれるように、目を通して感情を伝え、そして読み取るのです。

　お辞儀の前後に、必ず相手の目を見るようにしましょう（威圧感を与えるような凝視や横柄な印象を与える見下ろす目線、不安気な上目づかいなどはもちろん好ましくありません）。

C　リズム

　頭を下げる時より、上げる時のほうがゆっくりのイメージ。下げた時に「止め」や「間」を意識します。そうすることで、より丁寧で心が込もった印象を与えることができます。

D　分離礼（語先後礼）と同時礼（言葉と礼が同時）

　挨拶をする時に、たとえば自己紹介の言葉

などを添えることもあ
りますが、言葉を発し
ながらお辞儀をする
「同時礼」よりも、言
葉を発してからお辞儀
をする「分離礼」のほ
うが、より丁寧な印象
を与えます。

　たとえば、「おはようございます」と言ってから、ゆっくりお辞儀をするほうが、お辞儀をしながら「おはようございます」と言うよりもずっと丁寧で優雅な印象を与えます。

　大切な面接や丁寧な印象を与えたい時には、まず言葉を発してからお辞儀をする分離礼をお勧めします。

E　手の組み方と位置

　男性の場合：指先をまっすぐそろえ、体の両脇に沿わせるか、前で組みます。

　女性の場合：指先をまっすぐそろえ、基本的には左手が上（右手は武器を持つ手とされ、あなたを襲う意思はありませんという意を示すために右手が下になったといわれています）になるように重ねます。手はおへそより少し下あたりに置きます。

〈お辞儀の種類〉

　お辞儀には、会釈、敬礼、最敬礼の3種類があります。頭のてっぺんから腰までを一直線にし、上体をまっ

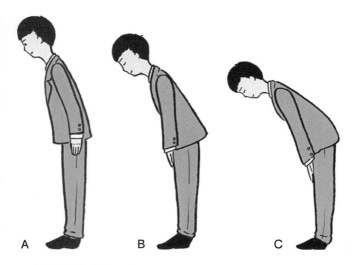

すぐに保ちましょう。

**A　会釈：軽い挨拶（15度、目線は3メートル先を見る）**
　道で知人とすれ違う時、エレベーターの中で人と乗り合わせる時、お茶を出された時など。

**B　敬礼：一般的な挨拶（30度、目線は2メートル先）**
　日常の挨拶の時、訪問先を訪れた時など。

**C　最敬礼：丁寧な挨拶（45度、目線は1メートル先）**
　深い感謝、深いお詫び、冠婚葬祭や神社参拝での拝礼、儀式的な場所での挨拶、訪問先から引き上げる時などには、90度まで頭を下げてもいいです。

頭を下げずに目と目を合わせて相手に敬意を表す礼のことを目礼といいます。顔見知りの相手や、お辞儀をするのは仰々しい時などに、優しい目線で行うとよいでしょう。

### ◆ 握手

　日本で挨拶をする時はお辞儀をしますが、グローバルな挨拶は握手が一般的です。握手の意味は、もともと「武器を隠し持っていないこと、相手に敵意がないこと」を示すためのものでした。そして、握手の仕方で信頼感を表すことができます。この時にアイコンタクトをしっかりととることも大切です。

　左手は「不浄の手」と考えられている文化圏の方もいますので、右手で（左利きの人でも）しっかりと交わしましょう。

　また、国際儀礼（マナー・プロトコール）では、原則として、上位者、年長者、女性から手を差し伸べます。

　一般的に、握手に慣れていない日本人は、握り方が弱いこと（dead-fish handshake といわれ、死んだ魚のような力のない握手を意味します）が多いようですので、強すぎず、弱すぎず、互いの存在を感じとり、認めあうつもりで握ることを心がけてみてください。また、たまに両手で握手をする人もいますが、一般的な挨拶では、両手ではなく右手だけで握るようにしましょう。

　特に、左手が不浄の手とされているイスラム教徒やヒンズー教徒と握手をする時には注意が必要です。

# マナーの基本2　表情

　人に接する時、笑顔でいると相手に良い印象を与えます。面接などでも第一印象が勝負です。笑顔といっても、口角は上がっていても目が笑っていなかったり、その時だけの取りつくろったような笑顔は不自然に感じられてしまいます。また、面接の際に、待機している時の素の顔が見られていることが意外に多くありますから、無表情、仏頂面、怖い表情にならないように、ふだんから心がけてください。いつでも声のかけられやすい柔和な表情、口角をやんわり上げた状態を保つことを意識しましょう。

## ◆ 笑顔の力

　人は楽しい時、幸せな時、気分がいい時は自然と笑顔になります。つらい時こそ鏡を見ながら思いっきり笑ってみましょう。意識して笑顔を作ると、やがて笑顔があなたの心に反映して嫌なことを忘れさせてくれます。そして、周囲の人にも明るさや安心感を与え、笑顔は伝染していくのです。

　笑顔は言葉以上の効力を発揮することがあります。

　私の大好きな言葉「笑う門には福来る」にもあるように、笑いには、幸せを呼び込むパワーがあります。一つ具体的な例を紹介しましょう。

　私の知人に山中博さんという方がいます。東進ハイスクールでカリスマ講師として活躍されてきた方ですが、

休職中に訪れたフィリピンで、貧困の状況のなかで奮闘する現地の若者たちの笑顔に感動し、国際協力ボランティア団体「DAREDEMO HERO」(フィリピンの最貧困層児童の生活・教育支援のための組織)を立ち上げて活動をしている方です。以下に、「DAREDEMO HERO」のウェブサイトと山中さんの著書を引用しながら、山中さんの思いをみなさんにご紹介したいと思います。

　今から10年以上前、様々な悩み・苦しみを抱える中、たまたまここフィリピン・セブ島に足を運びました。
　とある大学の聴講生として現地住民や大学生と交流する中、自分よりもさらに過酷な状況で、数多くの悩みを抱えているにも関わらず「笑顔」でいるその姿に勇気をもらうとともに、疑問も生まれてきました。
　ある大学生との会話です。
大学生:「自分は10人家族の貧困家庭に育ち、親族からお金をかき集めて大学に通わせてもらっている。私に夢を託されている。しかし就職はできない……」と笑顔で話してくれました。
私:なぜ「笑顔」でいられるのか?
大学生:「自分が苦しい顔をしていると、周りをも苦しめる。そしてその顔を見れば自分も心が痛む。自分が笑顔でいれば、周りも笑顔でいる。その顔を見れば自分はさらに笑顔でいられる」と。
　　　　　　　　　(DAREDEMO HEROのサイトより)

「なぜ、この苦しい状況下で笑っていられるのか?」

私はすぐにその疑問を問いかけました。そして彼の答えに驚きを隠せませんでした。
「自分は確かに苦しいけれど、苦しい表情をすればそれが周りに伝染してしまう。苦しいときこそ笑顔で、他人に接するべきなのです」
　日本とは違う、笑顔が笑顔を呼び起こし、逆境からともに回復への道を歩んでゆく。
(『グローバル人材なんかいらない！』IBC パブリッシングより)

　現地の若者の笑顔が山中さんの行動を生み出したといえるのではないでしょうか。
　もちろん、つらいことや悲しいことがあった時に、我慢せずに泣いたり、怒ったりして素直に感情を表現することも大切です。ただ、ここでお伝えしたかったのは、笑顔には人を動かす力があるということなのです。

### ◆ 笑顔はすべてに勝る
　心身が健康でなかったり、心に余裕がないと、心からの笑顔が作れません。真の笑顔を引き出すためには、心身ともにプラスの状態でいられるようにしておくことが大切です。人間関係は鏡のようなもので、自分が接した態度と同じように、相手も自分に接してくるものです。
　微笑むことで、気持ちも優しくなります。時には意識的に微笑んでみてください。すーっと心が軽くなりませんか？　笑顔は相手だけでなく、あなた自身も明るく元気にしてくれるのです。

実は、笑いは私たちの体にとても良い影響を与えてくれています。このことは科学的にも証明されています。私たちの体には、NK(ナチュラルキラー)細胞という免疫細胞(白血球の一つ)があります。がん細胞やウイルスに感染した細胞と戦っている細胞です。このNK細胞は「笑う」ことで増えるという研究があるそうです。

　1991年、大阪の「なんばグランド花月」で笑いの効果についての実験が行われました。3時間にわたる漫才や落語の開演前後に血液検査を行った結果、20歳から62歳の男女19人中、なんと14人のNK細胞の免疫活性値が上昇したそうです。おそるべし、お笑いパワー！

　ちなみに、NK細胞を増やすには、クスクス笑いから大笑いまで、そしてなんと、作り笑いでもよいそうです。

### ◆ SMILE! It makes you H-A-P-P-Y

　学習院大学時代、私の1学年上に秋篠宮妃紀子様、2学年下に黒田清子様(元内親王紀宮清子様)がいらっしゃいました。お二方とも、いつお見かけしても穏やかな優しい笑顔をお持ちだったのがとても印象的でした。直接お話をさせていただいたこともありますが、テレビで見るとおり、すてきな笑顔と気品が内側からにじみ出ていました。そんな紀子様が卒業アルバムに書かれたお言葉が、"SMILE! It makes you H-A-P-P-Y" だったそうです。

　人相学的にも口角の上がっている人は幸せを呼び込むといわれています。常に笑顔でいたいものですね。

## マナーの基本3　身だしなみ

身だしなみの基本は、
1. 清潔感がある
2. 機能的である
3. 品位がある
4. 健康的である

です。

「機能的である」というのは、学業や仕事の妨げにならないような動きやすい身だしなみであることで、TPO、つまり時間と場所、目的、自分の立場などを考えているか、ということです。

ファッションやメイク、ヘアスタイルは大切な自己表現の手段ですから、自分の視点や主張、センスでおおいに個性を表現してください。でも身だしなみは相手への配慮です。

「おしゃれは自分のため、身だしなみは他人のため」ということを念頭に置いて、他人の目からどのように見られているか、ということも意識しながら個性を発揮してください。

身だしなみは、清潔感や信頼感、相手を大切にする思い、仕事に対する意欲を表現するものですから、特に仕事や面接の時には注意が必要です。

この章の終わりに「身だしなみチェック項目」を載せましたので、参考にしてください。

# マナーの基本4　言葉づかい

　言葉づかいは、その人の人柄や品性を表します。ひとたび話をすれば、その人の人間性がわかってしまいます。
　また、言葉は、相手への敬意や思いやりを表すものでもあります。どんなに流暢な話し方で言葉が丁寧だとしても心が込もっていなければ、慇懃無礼（いんぎんぶれい）な印象を与えるだけです。
　日頃から、自分の思いを正しい言葉づかいで、きちんと最後まで伝えるように心がけましょう。間違った敬語は相手に失礼なだけでなく、あなた自身の信用を失ってしまうことにもつながりかねません。

　誤って使われることが多い敬語は、「二重敬語」「過剰敬語」「身内に対する敬語」などがあります。
　二重敬語というのは「召し上がる」を「お召し上がりになる」と言ったり、「おっしゃる」を「おっしゃられる」というように、敬語を重ねる言い方です。
　過剰敬語は、丁寧さを気にかけるあまり、過剰になりがちな表現で、たとえば、「させていただく」は①相手の許可を得る、②そのことで恩恵を得ている場合に使う敬語です。

　**テニス部の部長をさせていただいております**
　**発表させていただきます**
は、どちらも許可が必要ないので過剰敬語といえます。

正しくは
　**テニス部の部長をしております**
　**発表いたします**
です。

　身内に対する敬語も誤用が多くみられます。身内に敬語を使うのは誤りですし、「お母さんに〜」は、「母に〜」(「お父さんが〜」は「父が〜」)と言いたいものです。
　同様に、会社の職場でも、お客様など外部の方に対して「部長がおっしゃいました」「店長にお伝えします」と自分の上司に敬語を使うのは間違っています。もちろん、社内での会話であれば問題はなく、これが正しい言葉づかいになります。

　バイト敬語は、アルバイトの人向けにマニュアル化された言葉づかいで、次のようなものがあります。

　**こちらがＳサイズになります**
「〜になる」は物事が別のものに変化することを表すため、
　**こちらがＳサイズです**
というように、「です」や「ございます」と断定形にしましょう。

　**以上でよろしかったでしょうか**
目の前のお客様に今すぐに確認したいことなので、過去形ではなく、

以上でよろしいでしょうか／以上でよろしゅうございますか
です。

　敬語や正しい言葉づかいは意外と難しいものですが、次章の具体的な例文を見ながら練習してみてください。

# マナーの基本5　態度（立ち居振舞い）

　立ち居振舞いはその人の人柄を表します。あなたの振舞いが周囲の人にどう見られるか、周囲へ与える印象を考えて行動することが大切です。ちょっとしたしぐさにも気を配り、神経を行きわたらせることで、相手を大切にする気持ちを伝えることができます。また、動作をゆっくり、物を丁寧に扱うことによって心にゆとりが生まれます。

## ◆ 相手に正対する

　相手と挨拶をしたり、話をしたりする時は、きちんと正面から向き合い、しっかりとアイコンタクト（相手の目を見る）をとると誠実な印象を与えることができます。すぐに目をそらしたり、横を向いたまま話をすると、相手に不快感を与えてしまいます。

## ◆ ながら動作をしない

　歩きながらお辞儀をしたり、お辞儀をしながら握手をしたり、2つの動作を同時に行うと、落ち着きなく慌ただしい印象を与えてしまいます。動作を優雅に見せるコツは、2つ以上のことを同時にしないことです。一つ一つの動作を区切って、ゆっくり大きくしたほうがエレガントに見えるものです。動作は一度止めて、落ち着いて振る舞うこと。そうすることで相手によりよい印象を与えることができます。歩きながらのスマホの使用も危険

ですね。

### ◆ 聞く（聴く）

コミュニケーションの際に、話すことの大切さや話し方について語られることは多くありますが、実は、話すことと同じように(それ以上かもしれません)、コミュニケーションにおいては聞くことが重要です。

みなさんは、自分が一生懸命話をしているのに相手が真剣に聞いてくれず、悲しい思いをしたというような経験はありませんか？

話を聞くことは、話すことよりも神経を使いますが、相手を大切にする気持ちを表すには、もっともよい方法の一つです。聞く時の表情も大切です。相づちを打ったり、うなずいたり、身を乗り出したり、復唱したり、相手の話に興味を持っていることが伝わるようにしましょう。必要であればメモをとりましょう。無表情で聞いていたり無反応だったりすると、相手は、「自分の話に関心を持たれていない」と感じてしまいます。

また、相手の話を途中でさえぎったり、話の腰を折って話題を急に変えたりすることは相手に不快感を与えてしまいますので注意が必要です。

話を積極的に聞くことは相手に興味を抱いている証拠ですし、相手を理解することにつながります。

面接の時には、他の人の話を聞く態度や表情も評価されているんですよ。

◆ **ノックの回数**
　国際標準マナーでは、正式なノックの回数は4回と定められています。2回はトイレノックといわれており、中に誰も入っていないかどうかを確認するためのノックです。初めて訪れる場所や礼儀の必要なところでは4回です。面接の時や、友人、知人の家を訪ねる時には、3回以上のノックを心がけましょう。

◆ **美しい動作の基本**
①**指をそろえる**
　手で物を指示したり、方向を示す場合は、必ず五指（または四指）をそろえます。お辞儀をする場合や物を持つ場合も指をそろえます。

②**物の受け渡しは両手で行う**
　物を受け取る時は相手に正対し、大きな物は片手で受け取ったりせず、必ず両手を使います。小さな物の場合は、片手で受け取って（もしくは手の平に載せてもらって）、片手を添えるようにします。また、物の受け渡しは物の正面を相手に向け、相手が持ちやすい位置（胸の高さまで上げる）で行います。
　腕を下げたまま持ったり、また、高く上げすぎても良い印象を与えることはできません。

③**動作を一つ一つ区切る**
　前に説明したように、歩きながらお辞儀をしたり、歩きながら物を拾うというようなダブルアクション

(ながら動作)はしません。一つ一つの動作にメリハリをつけ、丁寧にスムーズに行います。

④ **動作の速度は、前半はやや早めに、後半はゆっくりと**

　たとえば、お辞儀の場合は頭を下げる時は早めに、上げる時はゆっくりとし、物の受け渡しの場合は手を引っ込める時の動作をゆっくりとするようにします。同じように、お茶やお料理を出す時も、器を静かに置き、その場で少しだけ手をとめて(手添え)から、ゆっくりと手を下げるようにするとよいでしょう。

　Fast In Slow Out です。そうすることで、より丁寧で相手を思いやる気持ちとエレガントな印象を与えることができるのです。

⑤ **目線をつける**

　物を指し示す場合や物を渡す場合、相手の顔　→　指す方向　→　相手の顔というように、目線をつけます。お辞儀の時も同様です。

### ◆ 心が伝わる動作のポイント

目線合わせ(アイコンタクト)＋笑顔＋指をそろえた両手(物を大切に扱う)＋言葉＋確認の目線合わせ＋心を添えて！

## テーブルマナー

　テーブルマナーは、一緒にいる人たちと気持ちよく楽しく食事をするために作られたものです。

　日常生活のなかで気が置けない人との食事の席では、必要以上に作法にとらわれる必要はないかもしれませんが、どんな場合でも周囲の人たちが気持ちよく食事を楽しむことができるように気を配ることは大切です。

　ここでは、お箸の持ち方についてお話ししましょう。

　間違ったお箸の持ち方や使い方は、周囲の人に不快感を与えてしまいます。

　例えば、間違った使い方に「刺し箸」「舐り箸」「移り箸」「噛み箸」「迷い箸」「重ね箸」「寄せ箸」「もぎ箸」「探り箸」「指し箸」「拾い箸」「涙箸」「ちぎり箸」「渡し箸」「回し箸」「せせり箸」「くわえ箸」「膳越し」「振り箸」「すかし箸」「洗い箸」「直箸」「違い箸」「揃え箸」「二人箸」「叩き箸」「拝み箸」「箸渡し」「立て箸」などがあり、「嫌い箸」と呼ばれています。手皿やお箸を逆さにして食べ物を取り分けるのも、実は不衛生なので、マナー違反です。

　これほどたくさんの「嫌い箸」があるというだけで、先人たちがいかにお箸の使い方、すなわち食事のマナーに心を込めていたのかがうかがえます。

　これらの誤った使い方がそれぞれどのようなものなのか、わかりますか？　どれも相手に失礼であったり、不衛生であったり、それぞれの理由があります。

気づかないうちに間違った使い方をして周囲に不快な思いをさせることのないように、このなかでわからないものや知らないものがあったらぜひ調べてみてください。

　私は、幼い頃からお箸の使い方について両親からとても厳しく言われました。兄はお箸を上手に持つことが苦手で、正しく持つことができるまで食べさせてもらえず、食事中に泣いていたことがあります。先日、兄に会って、この話をしたら、「あの時はご飯を食べるのが嫌になった」そうです。けれども、「でも、いまになって、本当によかったと思う。親に感謝している」といいます。
　大人になってからお箸の持ち方を直すのは大変ですので、小さいうちから正しい持ち方ができるようにしておきたいものです。

# SNSのマナー

SNSとは、Social Networking Serviceの略で、人と人とのつながりを促進し、人間関係の構築を支援するインターネットサービスのことをいいます。代表的なものに、TwitterやFacebook、LINE、Instagramなどがあります。

SNSはインターネット環境が整っていれば、いつでもどこでも友人知人と気軽にコミュニケーションが図れる、という点ではとても便利で楽しいものですが、情報の公開範囲の設定や友人のタグ付けなど、使い方次第では思わぬ危険が潜んでいるというのも事実です。

たとえば、
①いつどこで誰に見られているかわからない。
②個人情報の漏洩により、トラブルに巻き込まれてしまう。たとえ自分は注意していたとしても、他人の投稿やタグ付け、ツイートなどによって、自分の個人情報が漏れてしまう、という危険性もある。
③悪口や愚痴など一度書いてしまったことが、コピー・転送などで永遠に残ってしまう可能性が高い。
④自分が上げた投稿やコメントで、知らず知らずのうちに誰かを傷つけてしまったり、逆に自分が傷ついたりして、人間関係がこじれてしまう。
⑤LINEのグループトークやスタンプ、フェイスブックのメッセージやコメントなどの送りすぎや送

る時間帯などによって、相手に迷惑をかけてしまう。

　こういったSNSのデメリットから、さまざまな事件が起こっているのも事実です。トラブルが起きてしまってからでは取り返しがつきません。まずは自分自身の身の安全を守ること！　そして、家族や友人、自分を取り巻くすべての人たちに迷惑をかけないためにも、以下のことを今一度見直してみてください。

①情報公開範囲の設定は大丈夫ですか？
②自分だけでなく、自分に関わるすべての人たちや組織の個人情報（名前・住所・連絡先・学校名・写真・音声・動画・所在を突き止められやすい場所の公開など）を漏洩していませんか？　他人のことを公開したり、タグ付けをする場合には必ず事前に許可を得ること。著作権の侵害で訴えられることがあります。
③他人や組織の誹謗中傷や愚痴を書かないこと。また、投稿やシェアをする情報が本当に正しい内容なのかをきちんと確認してから公開すること。自分の発言に責任を持つことが必要です。

　　デジタルタトゥー（digital tattoo）という言葉をご存知でしょうか。いったんインターネット上で公開された書き込みや個人情報などが、一度拡散してしまうと、あとから消すことが極めて困難であるこ

とを、入れ墨(タトゥー)をあとから消すことが困難であることに例えた比喩表現です(Wikipediaより)。このために、あとから大きなトラブルに陥ってしまうというケースもよく聞く話です。
④相手に迷惑のかかる時間帯に送信していませんか? メッセージ、コメントなどのやりとりが多すぎませんか? 込み入った話をする場合には、ドアの外に出てみてください。外の空気を吸いながら、リアルに顔を合わせて対話したり、電話で話したほうがよいのではないでしょうか。そのほうがずっと素敵な人間関係が築けると思いますよ。

2017年4月にニュースで知ったのですが、警察庁の調べによると、2016年の1年間で、インターネットの交流サイトを利用して犯罪被害に遭った18歳未満の子どもは1700人以上で、2013年から4年連続で過去最多を更新したそうです。スマートフォンなどを購入する際に、有害情報の閲覧制限機能(フィルタリング)を設定するなど、厳重な対応が必要だと思います。

SNSは素晴らしいツールですが、その先にいるのは生身の人間です。顔が見えないからこそ、細心の注意と気配りが必要になってきます。使い方次第で、自分の意思に反し、あなたにとって大切な人を失ってしまうことだってあるのです。
SNSこそ「相手を思いやるマナー」を守り、互いに気持ちよく、楽しくお付き合いできるように心がけてい

きましょう。
　友達同士で、新しく SNS のマナーというものを作ってみてはいかがでしょうか。とても興味があります。その時には、ぜひ、教えてくださいね！

# 身だしなみチェック項目

中高生に求められている身だしなみで大切なことは、
1. 爽やかさと清潔感
2. 相手に不快感を与えない格好

です。就職活動をされる学生のみなさんは、これらに加えて

3. TPOに合わせたスタイルができるかどうか

つまり就職先に合ったイメージで、面接官に好印象を与えられるかどうかも見られています。各人が「学校と企業の代表だ」という意識を持って、恥ずかしくない身だしなみを心がけましょう。あなたの印象で、学校や企業のイメージが決まってしまうと考えるとよいでしょう。

ここでは、就職活動で気をつけたい一般的な身だしなみのポイントをご紹介します。

中高生にも当てはまる事柄もたくさんありますので、みなさんもぜひチェックしてみてください。

◆ **男子学生**

**髪**
①長すぎず、邪魔にならないのが基本※
②きちんと入浴し、洗髪する
③寝癖がない
④毛先がばさついたり、傷んでいない
⑤不自然な色に染めていない
※以前は「オークラカット(オークラマン・カットの

略)」といわれる七三分けで、「全体的に短くカットし脇は耳にかからない。襟足はワイシャツのカラーから1センチ以上あけること。もみあげは目線と耳の中心点を結ぶ線以内でカットする」が就職活動には理想的なヘアスタイルだと考えられていましたが、現在は「自分らしさ」を出す時代になってきているため、就職先に合ったイメージを研究するのがよいでしょう。

**顔**
①髭を剃ってある
②歯を磨いてある
③鼻毛や耳毛、耳垢がない

**服装**
①スーツ(学生服)のサイズが体型に合っている
②ワイシャツは白、スーツは無地の黒・紺・ダークグレーが基本
③襟や袖口が汚れていない
④シワやほころびがない
⑤フケが肩に落ちていない
⑥ズボンがきちんとプレスされている
⑦ネクタイの色が調和している
⑧ネクタイの結び目がきちんとしている
⑨ネクタイが曲がっていない
⑩ボタンが取れていない
⑪校章が曲がっていない(中高生)

**爪**
①伸びていない、深爪でない
②爪垢がたまっていない

**靴**
①よく磨いてある(光沢感)
②かかとがすり減っていない
③色・形が服と調和している(黒が基本)
④中高生は黒が基本、校則で定められた靴

**靴下**
①無地でスーツに合った色(黒・紺・ダークグレー)、白は好ましくない
②中高生は校則で定められた色

**持ち物**
①ハンカチ
②カバンはA4サイズの書類が入る大きさでシンプルなデザイン
③時計が派手でない

**におい**
口臭や体臭がない、デオドラント以外の香水は使わない

◆ **女子学生**
**髪**
①ミディアムからロングヘアは、一つにまとめるかハー

フアップスタイルにする
②おくれ毛が出ないよう黒ピンやヘアスプレーでしっかりとケア
③お辞儀をした時に前髪や横の髪が邪魔にならないようにする
④きちんと入浴し、洗髪する
⑤毛先がばさついたり、傷んでいない
⑥不自然な色に染めていない

**顔**
①化粧が健康的でナチュラルである
②しっかりと睡眠をとり、肌荒れをしていない
③歯を磨いてある

**服装**
①スーツ(学生服)のサイズが体型に合っている
②スーツは無地の黒・紺・ダークグレーが基本
③襟や袖口が汚れていない
④シワやほころびがない
⑤フケが肩に落ちていない
⑥肌を露出していない
⑦ボタンが取れていない
⑧校章が曲がっていない(中高生)
⑨スカートの裾の長さは校則に従う(中高生)

**爪**
①伸びていない、深爪でない

②マニキュアは透明か薄いピンク、はげていない

**靴**
①よく磨いてある(光沢感)
②かかとがすり減っていない
③3〜5センチの中ヒールでシンプルなもの(黒が基本)
④中高生は黒が基本、校則で定められた靴

**ストッキング**
①伝線していない
②肌色
③中高生の靴下は校則で定められた色

**持ち物**
①ハンカチ(2枚)
②ストッキングの替え
③時計が華美でない
④華美なアクセサリーはしない※
⑤マウスウォッシュ・歯磨きセット
⑥裁縫セット
※ピアスに関しては、穴を隠すために、小さく目立たないものを左右に1つずつするとよいでしょう。

**におい**
口臭や体臭がない、デオドラント以外の香水は使わない

### インタビュー

## 弁護士 落合洋司氏に聞く

◆ **本書はマナーやコミュニケーションをテーマにした本です。これまでに、接遇マナーといいますか、人の優しい心づかいを強く感じた経験はありますか？**

　司法試験を受けている時に、疲れていたこともあって、牛丼屋さんでどんぶりをひっくり返してしまったことがあります。その時、店員さんが、「大丈夫ですか？」と言って手早くどんぶりを片付けてくれて……。チェーン店なのにマニュアル的な対応ではなく気持ちを込めて親切にしてくれたのが心に残っています。

◆ **海外によく行かれると伺いましたが、外国ではいかがですか？**

　道がわからない時、親切に教えてもらうことが多いですね。自分が親切にされると逆に困っている人の気持ちもわかる。最近は国同士で対立を煽るような傾向がみられますが、敵対的に臨むのではなく、お互いを理解しあう姿勢が大事ではないでしょうか。感情を持っているのは人、国自体には感情はありません。人と人が理解しあうことが大事ですね。

　海外といえば、いま、戦争の歴史に興味があって、各地の戦跡を巡っています。2013年に、アウシュビッツに行きました。負の歴史からは学ぶことが多いです。

◆ **ネットで調べるのと自分の足で実際に行かれるのでは違いはありますか？**

　最近は海外旅行に出る学生が減る傾向にあるようですが、日

本にいながらネットで手軽に情報を得られるという影響があるのかもしれません。けれども、デジタルの情報だけでなく、行って、見て、人と会って話をして……、というリアルな情報に触れる重要性はあると思います。SNSのやりとりなどを見ていると、SNSで流される限られた情報だけに頼ってどうしても偏った発想に陥りがちですね。意識してリアルなものに触れる機会を作って、現地に行かないとわからない情報を取っていく必要がありますね。

◆ **ネットを通したいじめやトラブルも増えているようですね。**
　メールに頼ったコミュニケーションではどうしても不十分なことがあるので、実際に相手に会って話をするなど、コミュニケーション手段を組み合わせることが大切ですね。いじめ自体は昔もありましたので、SNSが原因ではないと思います。ただ、ネットの掲示板に書き込んだり、面と向かい合わなくてもできる新たな手段が増えてきたことによっていじめやすくなり、より深刻な問題になりやすくなったといえるかもしれません。

◆ **ネットを使う際に気をつけることは？**
　知らない相手に自分の情報をさらけ出すのは、避けるべきです。ネットで知り合う人のなかには、悪意を持っている人がいることもありますから。そして、困ったことが起きたら、自分で抱え込むのではなく、誰かに相談することです。親や先生、電話相談もあります。早めに相談すれば、対処できる部分もあります。そのような相談できる環境を社会のなかで整備していく必要がありますね。そういえば、私の事務所にもたまに電話で相談がくることがあります。困っている人がいたら、断るわけにもいきませんから、相談にのることもありますよ。

◆ **ネットだけでなく、文化の違いなどから海外の人とトラブルになることもあるようですね。**

　海外の人と接する際にも、基本的には共通していることが多いし、変わらないと思います。ただ、生活習慣やカルチャー、歴史が違うわけですから、そこを尊重していくべきですね。我がままな、傲慢な態度は無用な軋轢を生じるのではないでしょうか。相手の身になって考えて、相手が足りないと思っている部分を補う、そういう姿勢が大事です。

◆ **英語はどのように勉強されたのですか？**

　中学高校の頃は、英文解釈や英文法などをごくふつうにやっていた程度です。当時ベストセラーになった『試験にでる英単語』を使って単語を覚えたり……。その後、海外で意思疎通を図る手段があったほうがよいと思いましたので、個人レッスンで勉強しました。高度な英語を学ぶというよりは、コミュニケーションに必要な英会話を習いました。1対1で話す状況を強いられたのは英語を身につけるうえで役に立ったように思います。

◆ **法律家の道を志した理由はなんだったのですか？**

　中学生の頃にロッキード事件があって、社会を正していくうえでの法律の役割に関心を持ったことがあります。素朴な正義感から、そういう仕事をやってみたいと思いました。

◆ **挫折した経験、苦境に陥ったご経験はありますか？**

　困難に直面したら、とにかくその時にできることをやっていくということですね。最悪の事態を避けながら打つべき手を打っていく。0か100かではなく、たとえばダメージを30くら

いに抑えるという発想ですね。

◆ **若い世代に伝えたいことは？**
　自分が関心を持てることを見出して、その勉強を深めていってほしいです。あとは読書。ネットで断片的な情報を得るだけでなく、良書を読んで、知識や見識を高めていくことを意識していくことです。英語に関していうと、英語は大事ですが、英語はコミュニケーションの手段ですから、それを使って何を伝えるか……、伝えるべきことを身につけることが重要ですね。私自身は、今後、自分の持っている専門的な知識をきちんと社会に伝えていきたいと思います。それらを通して社会に貢献していくことができればいいですね。

◆ **ありがとうございました。**

> 落合洋司（おちあい・ようじ）
> 早稲田大学法学部卒業。弁護士。元検察官、元東京地方検察庁検事。名誉毀損、プライバシー侵害、インターネット上のトラブル等にかかわる問題に詳しい。

## ◆コラム2　板挟みとかけ橋と

　早朝、愛犬レオン（ボーダーコリーのオス）と散歩に。人通りの少ない霊園沿いの大通り。いつも静かな場所なのに異様な物音が聞こえ、見れば前方でかなりご高齢のおじいさんが2羽の大きなカラスに襲われていました。

　小さくうずくまったおじいさんには動く気配すらありません。急いで近づくと、おじいさんのすぐ目の前に小さなカラスが倒れています。

　おじいさんはその子ガラスを助けてあげようとしたのでしょう。ところが2羽のカラスは子どもを守るためにおじいさんを敵だと思い攻撃していたようです。

　おじいさんの頭からは血が出ています。助け起こそうとすると、今度はすぐに私が標的に。2つの鋭いくちばしは私の眼を狙って向かってきます。人間は頭からの攻撃には驚くほど弱いものです。

　ここで私までうずくまるわけにはいきません。気がつけば自分でも驚くほどの声で気合を発していました。

　まずは子ガラスから離れなければいけません。必死で攻撃を払いかわしながら、おじいさんの手を引き、通りの反対側へ。

　ようやく襲撃は止みました。手持ちのタオルハンカチをおじいさんの頭にあてがってあげました。とにかくおじいさんを助けることができてよかったです。

　子どもを守りたい一心のカラスと、子ガラスを助けようとするおじいさん。

　どちらも正しく心優しいのに、起こってしまう誤解と衝突。私たちの日常にあるコミュニケーション上の問題もこのような

ものではと、考えさせられる経験でした。
　気づくと、私の右腕からも血が滴り落ちています。その程度で済んでよかったです。
　大変な目に遭いましたが、カラスとおじいさんの両方を守るには、他に方法がありませんでした。
　私はジムやヨガには一切行きませんが、週２回楽しみにしている少林寺拳法の修行が、まさかカラス相手に役に立つとは！（笑）
　実際のところ女性が暴漢に襲われた時に、（悲鳴ではなく）大声で気合を発すると、実に50％のケースで攻撃が止まり、被害を避けられるというデータもあります。
　おもてなしとは相手の求めていることを察すること。であればそれは誤解をなくし、平和に近づくためにも大切なのだと改めて感じた次第です。
　それにしてもこういう時にワン！と一声吠えるでもなく、カラスにおびえて大人しくなってしまうレオン君……頼りにしてたのに！（笑）

# 3.

## 心をつなぐ言葉づかい

# 言葉づかいと敬語

　2章「マナーの基本5原則」のなかで、言葉づかいと敬語について簡単にお話ししましたが、ここではいくつか具体的な例をあげながら解説します。

　みなさんは「言霊」という言葉を聞いたことはありますか？　言霊とは、言葉に宿る霊力を意味し、古代の日本人は言葉には霊が宿っていて、発した言葉通りの結果が実現すると信じていました。

　プラスの言葉を発すると良いことが起き、マイナスの言葉を発すると悪いことが起きると考えられていました。現在でもこの考えは多くの人に受け継がれ、結婚式やお祝いの席、葬儀の場では忌み言葉を使わないようにする習慣はそこから来ているといわれています。

　また、飛鳥時代の歌人、柿本人麻呂の歌に「磯城島(しきしま)の大和の国は言霊の助くる国ぞま幸(さき)くありこそ」というものがあります。古代の日本人は「言」と「事」を同一概念と受け止めて、言葉に対して敬意を持って使っていたと考えられます。現代に生きる私たちもこの精神を受け継いでいきたいものです。

　そのような願いに相反して、言葉が人を傷つけることも数多く起こっています。また、SNSなどにおいても人を傷つけるような、攻撃的で粗暴な言葉や汚い言葉が平気で使われています。

　古代より「言葉」を大切にしてきた精神を尊重し、一人一人が「良い言葉」「美しい言葉」「正しい言葉」「プ

ラスの言葉」「ポジティブな言葉」を使うように習慣づけていくようにしたいものです。

　言葉の力を語る時、古代人たちは身近な先輩となります。

## ◆ 丁寧な表現

わたし　→　わたくし
わたしたち　→　わたくしども
わたしの会社　→　弊社、当社、わたくしども
あなたの会社　→　貴社、(社名)さま
あっち、そっち、こっち、どっち
　→　あちら、そちら、こちら、どちら
今日　→　本日
昨日(きのう)　→　昨日(さくじつ)
明日(あす)　→　明日(みょうにち)
明後日(あさって)　→　明後日(みょうごにち)
一昨日(おととい)　→　一昨日(いっさくじつ)
この前　→　先日
今　→　ただ今
さっき　→　先ほど
あとで　→　後ほど(のちほど)
伝言　→　お言付け(おことづけ)
教えます　→　ご説明いたします
教えてください　→　ご教示ください
着てください　→　お召しください
忘れた　→　失念した
ミス　→　不手際

了解です
　→　かしこまりました、承知いたしました、承りました
「了解です」は警察や軍隊などでは上司にも使いますが、一般には目上の方やお客様に使うのは好ましくないといわれています。
わたしが行きます　→　わたくしが参ります／伺います

◆ よく使う敬語
**普通＝丁寧語＝尊敬語＝謙譲語**
会う＝会います＝会われる、お会いになる＝お目にかかる
する＝します＝なさる＝いたす
見る＝見ます＝ご覧になる＝拝見する
聞く＝聞きます＝聞かれる、お聞きになる＝伺う、承る、拝聴する
食べる＝食べます＝召し上がる＝いただく、頂戴する
いる＝います＝いらっしゃる＝おる
言う＝言います＝おっしゃる＝申す、申し上げる
行く＝行きます＝いらっしゃる、行かれる、おいでになる＝参る、伺う
来る＝来ます＝いらっしゃる、お越しになる、お見えになる＝参る、伺う

◆ よく使う接客用語
アルバイト先やお客様に対してよく使われる用語で「8大接客用語」といわれるものです。はっきりと明るく大きな声で、真心をこめて言ってみましょう！

いらっしゃいませ
ありがとうございます
はい
少々お待ちください
お待たせいたしました
かしこまりました
失礼いたします
申し訳ございません

◆ 間違って使われることの多い二重敬語
× おっしゃられる
○ おっしゃる

× 拝見させていただきます
○ 拝見します

× お伺いする
○ 伺う

× ご参加される
○ ご参加になる、参加される

× お召し上がりになる
○ 召し上がる

× お見えになられる
○ お見えになる、いらっしゃる

◆ **間違って使われることの多い過剰な敬語**
× 司会を務めさせていただきます
○ **司会を務めます**

× 本日中に検討させていただきます
○ **本日中に検討します**

× 説明させていただきます
○ **説明いたします**

◆ **間違って使われることの多いフレーズ**
目上の方に
× ご苦労様です
○ **お疲れ様です**

× とんでもございません
○ **とんでもないことです／ことでございます**

× すいません
○ **すみません**
　なお、「すみません」はあいまいな言葉のため、次のように使い分ける習慣をつけるとよいでしょう。
　　お礼の「すみません」　→　**ありがとうございます**
　　お詫びの「すみません」　→　**申し訳ございません**
　　人に話しかけたり、呼び止める時　→　**恐れ入ります、失礼します**

× 全然大丈夫です
○ **全く問題ありません**
　「全然」の後ろには否定形がきます。

× 伊藤様はおられますか
○ **伊藤様はいらっしゃいますか**
　「おる」は自分側の行為に使う謙譲語です。相手には「いる」の尊敬語を使いましょう。

× 清野様はどちらにいたしますか
○ **清野様はどちらになさいますか**
　「いたす」は自分側の行為に使う謙譲語なので、相手には尊敬語の「なさる」を使いましょう。

× お名前を頂戴できますか、お名前をいただけますか
○ **お名前を教えていただけますか**
　名前はあげたりもらったりするものではないので、「頂戴する」や「いただく」という表現は間違っています。

× 山本様でございますね
○ **山本様でいらっしゃいますね**
　「ございます」は自分や身内、物に対して使い、「いらっしゃいます」は尊敬語なので相手側（人）に対して使います。

× すてきなバッグでいらっしゃいますね
○ **すてきなバッグですね**
　「いらっしゃいます」は尊敬語なので、対象が「人」の場合に使います。相手の持ち物を褒めたい場合でも「バッグ」は

「物」なので、「すてきなバッグですね」「すてきなバッグでございますね」などと言いましょう。
また、

× すてきなバッグをお持ちでございますね
○ **すてきなバッグをお持ちでいらっしゃいますね**

この場合は、持つという行為・状態を表しているので、「お持ちでいらっしゃいます」となります。

× 今日は風がかなりお強いようです
○ **今日は風がかなり強いようです。**

物や天気に敬語は使いません。


◆ **サ入れ言葉**
使わさせていただきます　→　使わせていただきます
やらさせていただきます　→　やらせていただきます
終わらさせていただきます
　→　終わらせていただきます


◆ **レ足す言葉**
書けれそう　→　書けそう
行けれそう　→　行けそう


◆ **ラ抜き言葉**
これは食べれます　→　これは食べられます


◆ **身内のことを話す時**
お父さん、お母さん　→　父、母

母がくださいました
　→　母がくれました（身内に敬語は使わない）

◆ **美化語**
おコーヒー　→　コーヒー
おピアノ　→　ピアノ

◆ **バイト敬語**
こちらがレシートになります
　→　**こちらがレシートです**
「春から高校生になります」や「氷が水になります」など、「なる」は物事が別のものに変化したり、結果として実現したりする場合に使います。

コーヒーのほうはいかがですか
　→　**コーヒーはいかがですか**
「右のほうへお進みください」や「こちらよりもあちらのほうがお得ですよ」というように、「〜のほう」は方角を示したり比較する時に使います。

1万円からお預かり致します
　→　**1万円をお預かり致します**
「こちらからどうぞ」や「左手からどうぞ」というように、「から」は始まりを伝える場合に使います。

ご注文はパスタでよろしかったでしょうか
　→　**ご注文はパスタでよろしいでしょうか**
現在の状態を話しているので、過去形にしません。

◆ **肯定表現の活用**

　同じ理由で断るにしても、否定的な表現よりも肯定的な表現で言ったほうが感じよく伝わります。

ショートヘアは嫌いです
　→　ロングヘアのほうが好みです

テストだからデートできない
　→　テストが終わったらデートしよう

母は6時にならないと戻りません
　→　母は6時に戻ってきます

今はお返事できません　→　調べてからお返事します

それがないと無理だよ　→　それがあれば大丈夫だよ

5キログラムまでしか送れないよ
　→　5キログラムまでなら送れるよ

脂が多いから食べちゃダメだよ
　→　脂を取り除いたら、これだって食べられるよ

前髪が長いから、だらしないよ
　→　前髪をもう少し切ったら、もっと素敵になるよ！


◆ **少しの工夫で相手を思いやる気づかいのある表現に変わる**

背の低い人　→　小柄な方

太った人
　→　恰幅のよい方(男性)、貫禄のある方(男性)、ふくよかな方(女性)

やせた人
　→　ほっそりした方、スリムな方、すらりとした方

年寄り　→　ご年配の方、お年を召した方

目／耳／足の悪い人
　→　目／耳／（おみ）足の不自由な方
派手な人　→　華やかな方
地味な人　→　落ち着いた方、控えめな方
鈍い人　→　おっとりしている方
ケチな人　→　倹約家
値段が高い　→　値が張る
値段が安い　→　お値打ち

## ◆ 感じのよい話法
①クッション言葉の活用
　クッション言葉を会話の頭につけることで、ショックをやわらげ、相手への配慮が感じられる役割を果たしてくれます。

恐れ入りますが
申し訳ございませんが
お手数をおかけいたしますが
お差し支えなければ
ご足労ですが
ご面倒ですが
失礼ですが
お忙しいところ恐縮ですが
あいにくでございますが
ご期待にそえず申し訳ございませんが
折角ではございますが
すでにご存知のことと思いますが

②依頼する時
　お願いをする時は、相手が不快な思いをしないように丁寧な表現を使いましょう。
　クッション言葉＋理由＋依頼形＋感謝の言葉(恐れ入ります／ありがとうございます)

「恐れ入りますが、ただいま確認してまいりますので、こちらでお待ちいただけますでしょうか。ありがとうございます」
　または、
「申し訳ございませんが、ただいまお持ちしますので、こちらでお待ちいただけますでしょうか。恐れ入ります／ありがとうございます」

③お断りする時
　お断りする時は、相手が不快になったり、失望しないように、丁寧な表現を心がけましょう(否定形の言葉はなるべく使わない)。
　クッション言葉＋理由＋肯定的否定＋代替案＋感謝の言葉(恐れ入ります／ありがとうございます)

「申し訳ございませんが、ただいま母が外出しているため、私にはわかりかねます。戻りましたら、すぐにご連絡を差し上げますのでお待ちいただいてもよろしいでしょうか。恐れ入ります／ありがとうございます」

〈肯定的否定〉
わかりません　→　わかりかねます
いません　→　外出しております
在庫がありません　→　切らしております
できません　→　いたしかねます

　「少々お待ちください」よりも「ただいまお持ちいたします」や「3分ほどお待ちいただけますか」などと、お待ちいただく時間を具体的に伝えたほうが親切です。そうすることで、相手は待ち時間に何かをすることが可能になり、心構えが変わってきます。常に相手の立場に立つことが大切です。

④マイナス・プラス法（あとよし言葉）
　悪い知らせを先に、良い話をあとに持ってくると印象が変わります。プラスで建設的な話になります。
　あえてデメリットを入れることで、説得力を増し、プラスの点が強調されます。

時間がなくてお会いできません。
　→　今日はお会いできないのですが、明日でしたら時間がございます。

高速を使うと早いですが、料金がかかって高いですよ。
　→　料金はかかりますが、高速を使うとすごく早いですよ。（タクシードライバーさんの話法）

ただいま在庫が切れていて、今月はご用意ができません。
→ 今月は無理ですが、来月でしたら在庫が入りますので、ご用意できますよ。

楽にはなりますが、腕を動かす時ちょっと痛いですよ。
→ 腕を動かす時はちょっと痛いですが、楽になりますよ。

自己紹介で
私は内気で決断力に乏しい。(－)
でも、思いやりがあり、その分、人の気持ちがわかる人間です。(＋)

　ちなみに面接では、短所もプラスの言葉で表現することによって長所に変化します。たとえば、「私は引っ込み思案です」よりも、「控えめなところが自分の良いところだと思っています」と言ったほうが、ずっと前向きで建設的なイメージになりますよね。ぜひご自分の短所が長所に変わる表現を探してみてください！

## ◆ 若者言葉
　どれも若者同士の会話ではふつうに使われていますが、年上の世代の方々には、耳障りで汚い言葉に聞こえてしまうこともあります。

ちょー
　「ちょー、かっこいい」「ちょー、かわいい」など、大

人の間でも当たり前のように使われるようになった「ちょー」という接頭語。
　あまりに多く使われるようになったものの、ある年齢以上の人たちにはやはり耳障りに聞こえてしまうのは確かです。目上の人やあらたまった場所で会話をする時には、「ちょー」の代わりに「とても」や「すごく」「非情に」「最高に」などという言葉に置き換えたほうが、相手にあなたの気持ちが伝わりやすいかもしれません。

**ヤバい**
　若者の間では、良い意味(かわいい、うれしい、楽しい、美しい、面白い、かっこいいなど)でも、悪い意味でも、高ぶる感情を表現する時に、「まじヤバい！」とか「このパスタ、ヤバい(おいしい)！」のように使われますが、「ヤバい」の本来の意味は、「危ない」という意味で、危険や不都合な状況が予測される時に使う言葉です。「警察だ！　やばい」「親に見つかったらやばいよ」などというようにネガティブな意味合いで使うのが本来の使い方です。

**まじ**
　「本当に」「すごく」「非常に」「まじめに」

**うざい(うぜー)**
　「うっとうしい」

**フツーに**
　さまざまな意味で使われるので、相手が理解しにくい。

**大丈夫です**
　OKの意味と「いえ、結構です」のどちらの意味にもとれる場合があるので誤解されやすい。

**無理**
　「できません」「お断りします」

**○○的には**
　例：私的には　→　私は

**○○じゃないですか〜**
　→　○○ですよね

　「効率化」という側面もあり、言葉は時代と共に変化します。若者言葉が広く一般に使われるようになっていくこともあるかもしれません。けれども目の前の現実である一般の社会では、不快に感じる人も多くいます。相手が不快に感じないような言葉づかいを心がけるようにしたいものです。

## インタビュー

### 格闘家　前田日明（あきら）氏に聞く

☆英語と出会った頃

◆ **前田さんは海外修業のご経験がありますが、どのように英語を身につけられたのですか?**

　うーん、英語ってね、学校で習う英語よりも実際に使う英語のほうが簡単で、たとえば、have や take だけでもいっぱい使い方があるんだよね。

◆ **基本動詞、ですね!**

　基本動詞が使えると会話がわかるようになってくる。高校の時、英語の成績は 10 段階で 1 でしたよ。「1」って書いてあったから「俺、もしかしたら 1 位なのかな?」って先生に確認しに行ったんです。それで先生が、「そうじゃない。お前が一番成績悪いんだ」ってね(笑)。

◆ **国内外での人とのコミュニケーションのなかで印象に残っている体験はありますか?**

　初めての海外経験はイギリスでした。プロレスの海外修業で、ウェイン・ブリッジというレスラーのもとで寝泊まりして練習するんです。彼は典型的なジェントルマンで、相手の気持ちや求めていることを察してさりげなくやってくれるのです。決して相手に「申し訳ないな」と思わせず、恩着せがましくない。当時私は 23 歳でしたが、息子のように扱ってもらいました。

◆ **そこでの英語との関わりはどのようなものでしたか?**

　当時はね、This is a pen. は言えるけど、Is this a pen? は

言えなかった。I have a pen. は言えるけど、Do you have a pen? は言えなかった（笑）。ああ、Do you have a pen? は言えたかな（笑）。でも、そのレベルですよ。

◆ **たった一つだけでも基本形の例文を覚えていたのは大きかったのではないでしょうか？**

晩飯は自分で作って食べなきゃいけないから、八百屋さんや肉屋さんに買い物に行く。英語で何がどれだけほしいかとか言わないといけない。最初は、肉ってなんて言うのかな？とか（笑）。

そこでよく周りの人を見るんですね。そうすると「決まり文句」がわかってくる。Can I have a ～とかね。みんな「ケナイヘヴァ」と言っている。それで「ああ、そう言うのか！」と。それで通じることがうれしくて、そして肉が食べたくて、Can I have a ～、Can I have a ～と何度も言ったものです。

◆ **英語を通じさせる時に大切なことにはどのようなものがありましたか？**

最初の3か月くらいでは、言葉を使わないコミュニケーション能力が驚異的に発達するんです。振り返ってみると、「身振り手振りだけでいったいどうやってやり取りしていたんだろう？」って思うことがいっぱいありますよ（笑）。それくらい言葉を使わないコミュニケーションも大事なんだなって。でも半年ぐらい経つと、相手の話していることもなんとなくわかって、なんとか会話もできるようになってくる。

◆ **人々の表情をよく見て読み取ってゆくのですね。そしてやはり主体的に行動している感じがします。**

顔を見て、感情を見ていくと、自分が怒られているのか、褒められているのか、受け入れられているのか、拒否されているのかも、わかる。

◆ コミュニケーションは感情ありき、ということですね。
　人の顔色をうかがう、っていうのは悪いイメージだけど、語学においては本当に大事だね。

◆ 私も英語教育で感情と言葉をダイレクトにつないでおくことを強調しています。言葉だけを見て感情や意図を忘れてしまうとコミュニケーションはうまくいかないですね。イギリスでの武者修行時代にガールフレンドがいらっしゃったということを伺ったことがあるのですが。
　ウェイン・ブリッジに「アキラはなんでガールフレンドを作らないんだ？」って言われてね。それで「作りたいけど、2、3年しかイギリスにいないし、いずれ日本に帰ることになるのに……そんなので別れたらその彼女がかわいそうじゃないか」って言ったんです。彼はその時「アキラ、それも人生じゃないか」って。で、付き合っていたんですが、やはり日本に帰る時が来て……。でも帰国してからも長い間毎週彼女に手紙を出してたんです。英語で。ネットやメールのない時代でしたから。思ったこと、ふだん使っていた言葉をどんどん書いていました。いざ書いてみると文法もムチャクチャでね。

◆ 感情のままにどんどん書いていくと……。
　自分の英語では大した内容も詰め込めないだろうから、せめてどうやって自分の感情を詰め込んだらいいかな、と考えました。封筒に Mr. Postman, don't be slow. I'm in love with

Melanie. She wants to read this letter.（郵便局の方、急いでください。彼女のメラニーがこの手紙を読みたがっているんです）と書いたりね。封筒にです。

◆ 彼女が遠い所で手紙を楽しみに待っている感じが伝わります。すごい表現方法ですね！

　先日、格闘技の選手を海外でスカウトされているシーンを動画で拝見したのですが、やり取りは英語でされていましたね。
　たとえばオランダなんかは、アピールの仕方も結構自由で派手な感じです。旧共産圏の選手の場合は自己アピールも全然しない。だからこちらからどんどん伝える必要がありました。

◆ こちらから踏み込んで伝えていかないと引き出せない、という感じですか。

　ロシア人は、最初は半年とか３年とか時間をかけて相手をじーっと見て知ろうとする。信用できるかできないかを見極めるために。こいつは間違いない、約束を守れるやつだ、って思われると全面的に心を開いて何でもしてくれようとする。

◆ 前田さんの引退試合で、オリンピックのレスリング３連覇のアレクサンドル・カレリン選手との対戦が実現しましたが、それは、ウラジミール・パコージン氏（注１）が「こんなにたくさんのロシア人格闘家を救って食べてゆけるようにしてくれたマエダに協力してくれないのか！」と泣きながらカレリンに直談判してくれたということですね。

　世界初の国際格闘技ネットワークのリングス（注２）は、長い間、いろんな人間の協力のもとに苦労しながらやってきたけれど、選手はお金でどんどん引き抜かれて、空中分解して……。

何と情けないことか、と思って、最後のお別れパーティでプイっと帰ってしまったんですよ。そのあと何年かして、パコージンと会った時、彼は涙を流しながら「ひどいじゃないか、俺たちは仲間なのに。何でお前は帰っちゃったんだ」と。それを聞いて、申し訳ないな、と。

◆ **前田さんがリングスを立ち上げる時に、オランダの格闘技界の重鎮ドールマン氏（注3）の話がありましたよね。**
　彼は繁華街の大親分で、若いチンピラを束ねて教育して、ナイトクラブのバウンサー（用心棒・警備）などの仕事をやらせて自活できるようにしていたんですね。若者が更生できずに死んだり、マフィアになってしまうことにすごく心を痛めていたんですよ。そんな時に私が日本でリングスを立ち上げて、そういう若い選手たちに仕事を創り出すことができたんです。繁華街の路地での陰惨なけんかではなく、スポットライトを浴びて観客の前で堂々とクリーンな格闘技ができるようにね。

◆ **前田さんは現在、「ジ・アウトサイダー」というイベントを通して青少年の更生を目指して活動されていますね。**
　少年たちには、努力すべき時にきちんと努力できるようにすることを伝えたいですね。たとえば不良の子たちは家族にも見放されている子も多くいる。何をやってもうまくいかずに強さ・腕力が最後のよりどころになっている。でもそこから社会へのちゃんとした接点を作れるようになればと。

◆ **社会で生きてゆくための礼儀やマナーなどについてはどうでしょうか？**
　実は不良や暴走族の子たちは上下関係もあって礼儀は結構身

についている。むしろ礼儀ができていないのはプロの格闘家のほうかもしれない。外国人の選手と会った時に How are you doing? と言われて、何も言わずに無視したらどうなるかっていうと、もうそこでコミュニケーションは終わってしまう。

　外国人は「最近、どうなの？」みたいによく挨拶代わりに質問するね。あなたはどういう人でどんな立ち位置なの？みたいな感じで聞いてくる。コウモリが超音波を発して周りにあるものとの距離を測ろうとするのと同じなんです。自分との距離は？　自分のことをどう思っているんだろう？　この人は自分にとってどんな人なのか？　相手のことを知ろうとして言葉を投げかけてその反応を見てる。そこから広げていろいろな話をしようとしたりしてね。

◆ **相手に興味を持って言葉を投げかけてゆくんですね。**
　日本は、決まり文句の挨拶でも間に合ってしまう。海外の礼儀ってもっと厳しいところがあって、今の僕に対してどう思っているの？と、顔や表情や立ち居振舞いを見ながら投げかけてくるんですよね。

◆ **自分が何を見てどう考え、そしてどのように反応しているか、ということを把握しておくことが大事だと。初めてイギリスに行かれた時、英語も不自由でどのように挨拶をしていましたか？**
　最初は Hello だけでもいいから言うようにしていた。英語が下手でもこちらが必死で話そうとしていると相手は、「こいつは何を言いたいんだろう？」と思ってくれるようになる。交流が生まれ始める。話そうと頑張っていると聞いてくれるもんなんですよね。

◆ **やはり形だけになってはいけないということでしょうか。**

　コミュニケーションというのは相手のことを理解するためのレーダーでありセンサーを持つことなんですね。そういう時にWのつく言葉(Who What Where When Whyなど)が大事になるんです。

◆ **ご著書で、自分の頭で考え、行動することが一番大切だと書かれていました。格闘技でもあらゆることにおいて知識やモノを与えられすぎると自分で工夫することをしなくなってしまう、とおっしゃっていましたよね。**

　答えを教えずに、どうして教えてくれないんだろう、と思わせながら、答えを見つけていく。工夫する過程で自分の中にいろいろなデータが集まっていくんです。技に関していうと、できなかったら、「なぜできないのか」と自分に問うようになる。そこまできてようやく「それ、こうだよ」って教えてあげると、蓄積したすべてのデータがつながってゆく。それを初めから教えてしまうと、試合や実践の場で応用が利かない。

◆ **主体的に自分から学ぼうとしないと発展性が身につかないんですね。**

　応用が利かないから失敗して「俺はできないんだ」と自信が持てなくなってしまう。

◆ **その格闘技の「技」の習得のお話を「英語」に置き換えるとすべてが当てはまりますね。さらにお聞きしたいのですが、逆境や、ハンデにどう対応すればよいでしょうか？　前田さんの師匠のカール・ゴッチさん(注4)が事故で小指を失いながらもオリンピックにまで行って戦い抜いた話を、前著(『英語に好**

かれるとっておきの方法』)で書かせていただいたんです。
　ゴッチさんは宮本武蔵の『五輪書』に傾倒していたんです。いつも Life is movement, movement is life.（固定は死なり）生きているということは自ら行動することそのものだと言っていました。

◆ **前田さんはロシア、アメリカ、バルト三国、グルジア(現・ジョージア)、韓国……と数多くの国と格闘技を通して関わってこられました。そしてリングス創設の過程でビジネスの交渉やさまざまな選手たちとの関わりもあったと思います。**
　それぞれ表し方が違うだけで根本は同じです。その国の人を知ろうと思ったら、その国の英雄についての本を読むといい。この国の人は、どういう人が好きなんだ？　なんで好きなんだ？　どこに感動したんだ？　え〜そんなとこに感動したの!?

◆ **まさに「Wのつく質問」ばかりになって相手の個性がよくわかってきますね。**
　相手とコミュニケーションをとる時には、その人をパッと見て相手のコンディション、置かれている状況をわかってあげられることが大事。その能力、感覚がない人が増えていると思う。

◆ **言葉づかいや作法には、いろいろなスタイルや流儀があっても、根本は、そういう能力のことなのですね。**
　〈近しいこと〉がコミュニケーションの感覚の基盤を作ってゆくと思います。〈近しさ〉というものがなくなってきた理由は、やはり人と人が会わなくなってきたからだと思う。悲しんだり、笑ったり、怒ったり、そういう感情を人との関わりのなかでたくさん経験することが大事。

◆ 世にいう「おもてなし」は、相手に合わせることだけが強調されている気もします。自分を百パーセント犠牲にしてはいけないと感じます。実際はこちらの在り方や面白さもわかってもらっていい。互いの存在を認め合ってもっともっと知りたいという興味を持ちあってということですね。

　読書家で有名な前田さんですが、本を読むことはどのように役立ちましたか？

　興味を持ったらどんどん関係のある本に行くこと。どんなに大事なことであってもただのデータだけでは頭に入らない。物語をまとっていないと頭に入らないんですよ。中学校や高校時代でレッド・ツェッペリンもビートルズも意味もわからず歌っていたけど、どういう意味なんだろう？っていう問いを持って本を読んで歌詞を調べてスラングの存在も知った。そうして好奇心を持って歌詞を読んでいくと、歌詞を書いた人の感情や経験が見える気がするんです。

◆ 私（横山）は、言葉と感情をダイレクトにつなげることを目指して英語教育を実践しているんです。そうしないと瞬間的に英文を思いつくことができない。前田さんは、歌詞を見てそれを調べて読んでいた時期があったのですね？

　（突然歌い始める）She's not a girl who misses much... イギリスにいた時、ウェイン・ブリッジに She's not a girl who misses much という歌詞とその意味を教えてもらって。直訳すると「多くを失わない女の子」となって意味がわからなかったけど、何度も質問しては口ずさんでいて「要領のいい女、抜け目のない女」ってわかってきた。

◆ そうやって情緒と英語の間に壁ができないようにすること

って、今の英語教育に必要ですね。

　前田さんの本の中で関係副詞がどうとか、抽象概念で考える必要がないことを知った、というような一節がありまして、その意図するところがわかった気がします。

　とにかく Who とか Where とか W のつく言葉を覚えておけば何とかなる。

◆ 5W1H ですね、それが相手の個性やアイデンティティに目を向け理解することになっていきますよね。ところで、英語をよりよく聞き取るには自分でその発音ができるとよいということがあるのですが、前田さんの発音が極めて自然で驚きました。

　お、そうですか。当時のイギリス人の彼女もよく言ってたけど、What are you talking about? ってね。「ワラユターケヌバウッ」ってね。

◆ リエゾンが素晴らしいですね。力みがない……。

　「ワットアーユートーキングアバウトォ」だと全然通じなくてね。

◆ 母音を余計に入れると途端に通じなくなりますよね(笑)。

　あと英語といえば、師匠のカール・ゴッチさんは日本人にとってわかりやすい英語を話すことがすごく上手だった。英語のネイティブじゃなくて、ヨーロッパからの移民として英語を身につけた人だけど。僕たち日本から来たレスラーの気持ちや英語力をよく理解していて、そしてツボを外さずに簡単な言葉で説明してくれたね。

◆ 本当に示唆に富んだお話です。シンプルな言葉で的確にこ

ちらの意図を説明できることを私はとても重視しているんです。最後の質問となりますが、前田さんがもしもう一度人生をやり直せるとしたら、もしもう一度10代を生きることができるとしたらどうしますか？

　考えたこともありません。

◆ **なるほど。よくわかりました。本日はご多忙ななか、貴重なお時間をいただきましてありがとうございました。**

　こちらこそ、ありがとうございました。

　　前田日明（まえだ・あきら）
格闘家。空手を皮切りに、新日本プロレス、UWF、リングスで活躍。現在、リングスCEO、総合格闘技大会 THE OUTSIDER プロデューサー。

注1　ロシアと日本の格闘技交流のかけ橋となった人物。
注2　前田氏が設立した総合格闘技団体。数多くの国々から選手が集結した。
注3　オランダ総合格闘技界の先駆者。
注4　前田氏の師匠にあたる人物。「キャッチ・アズ・キャッチ・キャン」という実践的な古式レスリングの伝承者。「プロレスの神様」とも称される。事故で小指を失い、薬指にも障害のある状態でオリンピックのレスリングのグレコ・ローマンおよびフリースタイルにベルギー代表として出場した。

## ◆コラム3　タービュランス（乱気流）

　機内では、たまに機長からの予告なしに、急な気流の変化により大きな揺れが発生することがあります。我々はその大きな揺れのことをタービュランス（乱気流）と呼んでいます。

　ある時、成田発ホノルル行きのフライトで、食後のお飲み物のサービスを行っていました。私は機内最後尾のコンパートメントを担当。右手にコーヒーポットを、左手にペーパーカップとシュガー・ミルクを載せたトレーを持ち、お客様に注いで回っていました。

　ちょうどほぼ最後尾に向かって歩いていた時、急な揺れとともに体が一瞬ふわっと浮き上がりました。

　この時、とっさに頭に浮かんだのが、着地した時にコーヒーがお客様にかかっては大変！ということ。そこで、即座に右手のコーヒーポットを最後方の Lavatory（お手洗い）のほうの床に目がけて投げつけました。機内の床に敷き詰められた布（絨毯）は吸収性に優れた素材でできていることを知っていたため、案の定こぼれ出たコーヒーを吸ってくれ、お客様に火傷を負わせることを防ぐことができました。

　このように、機内ではタービュランスや機体の異常の察知、不審者の発見、病傷人の発生など、いつなん時、ハプニングが起きるかわかりません。

　常に「お客様の安全を守る」保安要員としてのセンサーを張り巡らせておくことが求められるお仕事でした。

## ◆コラム4　結婚指輪

　男性チーフパーサーがたくさんいらした時代がありました。ある国際線リゾート路線でのこと。新婚旅行のお客様から、「結婚指輪をトイレに落としてしまいました！」。(え〜〜っどうしよう)と心の声。先輩方に報告すると、「それは無理よね〜。到着してから何とかしてもらいましょう」とのこと。

　すると、ある男性パーサーが、意を決したように、「機内のビニール袋をありったけ持ってきて！」。「？？？どうぞ」と手渡すと、ビニール袋を何十枚か手に巻きつけ、なんと指輪を落とした便器に腕を突っ込んだのです。

　女性CAはみなビックリし、固唾を呑みながら注視していました。すると数分後、なんと発見されたのでした。

　小さな小さな指輪、でも新婚のお二人にとっては大切な指輪です。それを捜すために、ここまでされたパーサーの心意気に心から感動した貴重な経験でした。

# 4.

# 異文化理解のマナー
## ——マナーと衝突は紙一重

# 異文化理解と力む前に

　マナーはどの国にもどの文化にも等しく存在しています。人が人である限り、役に立ってくれるものです。この地球上のさまざまな土地で人々が生き抜くための知恵から派生した、心の根本を支えるものだといえます。

　当然それぞれの土地で宗教も変われば生活習慣も違ってきます。マナーは、見た目には行く先々で変化します。あるところでは良いマナーとされていたことが、別の土地では正反対の意味を持つことさえあります。誤解の出発点ですね。

　こう書くと、何だか恐ろしい話のようにも感じられますが、実は私たちがこの日本で生活していても同じような事例にはたくさん触れています。

　日本であっても、学校や、所属しているクラブや、世代、家族、会社などの組織、そして組織内の部署、職業などによって大なり小なり変化します。私たちは無意識に、時には意識しながら、それらの違いに応じて変化しながら相手とのコミュニケーションを図っているわけです。

　言い換えれば、異なる文化の人々に対するおもてなしやマナーの感覚をとらえることは、日本にいながら磨くことができます。

　こちらから「積極的に知ろうとする」ことによって、文化の違う人たちと交流するセンスはいくらでも磨いておくことができるのです。ネットを通して必要な情報も

集めやすくなっています。相手に会う前から、そして会いながら、一つ一つ探り当てていきましょう。

### ◆ 共通点を探る

この地球上で「うれしい気持ち」になることが嫌な人はいないでしょう。生きている限り、人は幸福を追い求めるものです。世代、ジェンダー、職業、国籍、文化……、あらゆる違いを超えてこれは共通していることです。

うれしい気持ちには2種類あります。

1つは自分ひとりの力で目標を達成し、手に入れてゆく幸福です。たとえば勉強して試験に合格し、自分のやりたい仕事を見つけそれに向かって努力しては達成してゆくものです。

2つ目は、これは本書の大きなテーマの一つでもある「おもてなし」につながることです。「自分が欲しているもの、求めているものを察してもらい、それを自分以外の誰かから受け取ること」です。言い換えれば、さまざまなレベルで「自分のことが理解され、受け入れられる」ということになります。

たとえば初めて会う海外の方が、たとえわずかであっても日本語や日本の慣習を知り、披露してくれたらとてもうれしくなりませんか？

ここで大切なのは、「相手に興味を持ち、理解しようとしている」という意図が感じられ、心がこちらに向かって開かれていることが鮮やかに伝わることなのです。

当然、互いの文化は違っているので表現する行動自体

は違っていますが、相手に与えたいと思っているのは「興味を持たれ、受け入れられてうれしい」という共通した感情だといえます。互いの存在を認め合うわけですね。

「うれしい」という気持ちをきっかけに、相手のさまざまな感情についても「やはりここは同じなんだな」と実感することが増えていきます。そうしているうちに、相手の立場になり考えることが簡単になります。

そのような「受け入れられるうれしさ」を互いに持つことを目指して相違点に興味を持つことは、人間の感情としての共通点（うれしい気持ち）→ 文化の相違点（相手への興味）を理解することにつながっていきます。

「郷に入っては郷に従え」という言葉がありますが、「郷に入る前にできるだけ知って」おけば誤解が減り、実際に会う時にはうれしい気持ちになってもらうことができるのです。

まずはこのような「文化と気持ちの予習」が異文化理解の心の極意といえるかもしれません。

### ◆ 文化と気持ちの予習リスト

ネットで検索するだけでも情報はたくさん手に入ります。現地に住む日本人のブログなども貴重な生の情報源となります。その国の文化や人にすでに触れた日本人の経験談はいくらでも見つけることが可能です。

その1　共通点を知り安心する（人間、根本の感情は同
　　　　じもの。違いはあっても、人として共通点は多い

はず！)
その２　違いを知って興味を高める(お互いが驚くような違いを知るのは面白そう！)
その３　タブーを知る(避けられる対立・誤解は知識があれば多くは避けられる。その分、友情と理解の余白が増えていく)
その４　喜ばれることをする(これが一番楽しいけれど、上の２つを優先しよう)

# 「あなたってどんな人?」
## ──おもてなしはジコチューから始まる!?

本当のコミュニケーションとは、自分を押し殺して、相手に合わせることではありません。相手に「つまらない」と思われたらおもてなしではありません。

自分への興味と理解を深めておくことが大事です。

自分はどんな個性を持った人間か、自分では案外気づかないものです。でも、人とコミュニケーションをとるうえで、自分の個性や自分の考えを相手に伝えることは大切なことです。良いコミュニケーションのカギは、自分を知ることなのです。

以下に自分を理解するための極意を紹介しましょう。

### ◆ 感情を通した経験(素の感情)をとらえる

もっとも手っ取り早いのは、自分の「好き・嫌い」という感情を知ることです。つまり、あなたがどんなことに「共感・反感」を持つかということです。

楽しい時は楽しいという感情を表現し、つまらない時はつまらないという感情を表現する。自分は何を楽しく感じ、何をつまらなく感じ、どんなことに怒りを感じるのか? それを上手に伝えることもマナーの大事な役割なのです。

自分の感情に「間違い」はありません。人が言ったことに対して、「自分はそうは思わない」「それってちがうんじゃない?」と感じたら、その感情を大切に育てるの

です。自分が感じ、思うことはすべて自分の中では正しいのですから、自信を持って自分だけの言葉を持ち、それを表現しましょう。それが自分の個性になるのです。

　そして、言葉でとらえられる感情と言葉でとらえきれない感情の両方を個性として読み取るのが、広い意味でのおもてなし・マナーです。言葉にプラスアルファで、いつも全身をセンサーのようにして、互いの気持ちや思いを感じ取りあうのです。

　そのような感情を磨くためには、ふだんから、あらゆることに「感想」を持つことです。自分の感情を自分自身で5Wを使って、WHO(誰が)、WHAT(何を)、WHERE(どこで)、WHEN(いつ)、WHY(なぜ)、と問い、それに対して答えられるように心がけておくのです。

　手っ取り早い練習法としては、英語の教科書や、ネットの動画のコメントなど、常に英文の中のWがつくこれらの言葉に注目してそこを中心に読むことです。語り手の気持ちや意図がよく見えるようになります。英会話でもこれらの言葉を中心にしてコミュニケーションは進んでゆきます。

　特にWhyがある部分は語り手の考え方や意図が明確に見える核心に迫る内容であることが多いです。Whyの質問が出たあとにはたいてい9割以上の確率でBecauseによって返事が返ってきていることが多いと思います。このWhy‐Becauseのやり取りに注目して音読しておくと、英語で議論する力が身についてゆきます。

◆ **個性を深め、養う**

　何かに接した時に心の中に湧いてくる感じ方や感情、主観、興味はどれもあなただけのものです。本当の自分は１つしかありません。

　個性を深めていくためには、興味に従って、自分の知らない世界をのぞくことです。想像力を豊かに、自分の共感できるものを確認することを繰り返していくのです。映画やテレビ、小説に出てくる好きな登場人物やキャラクターは誰か？　それはどんな人なのか？　問いかけてみましょう。そして、時には、本やテレビやネットの世界を離れて、自分の周囲を少し見回せば、人はたくさんいます。それが他者への興味・共感へとつながっていきます。

　自分の個性を深めていけば、「誰が何と言おうと自分は自分。自分はこういう感じ方をする人間で、こういう個性を持った人間だ」と思えるようになってきます。そう思えるようになると自信が生まれてきます。

　不思議なことに、自分に自信が持てるようになると、違う個性を持った他者との交流が楽しくなり、それを求めるようになっていきます。そう、新たなタイプの好奇心が芽生え、他者に興味を持つことができるようになるのです。それが、人種・国籍・文化を超えて人を理解していくための素地になるのです。

　相手と心の底から交流するためには、人の気持ちをできるだけ的確に察し、相手の考えていることをフォローしながら話し、行動できるようになることを目指しましょう。それには、相手のありのままを受け入れ、理解す

る能力を高めることです。頭で考えるだけでなく、心で感じ取る能力です。

　個性(伝え合うべきもの)　→　自分の個性を把握(感情の出方、感じ方)　→　興味の把握　→　読書＋他者への興味　→　どのようなものに何を感じ、どう反応しているか？

# 自分の個性を相手に伝える

　自分の個性を理解し、それをうまく(マナー・異文化理解の力を借りて)表現することを学ぶことによって、相手の個性を理解する能力を高めることができます。

　自分の個性と相手の個性を的確に把握できるようになると、互いの共感・反感を敏感に感じ取ることができます。つまり、お互いに「〜らしいな」をわかり合えることが増えてくるのです。心をつなぐとはこういうことではないでしょうか。

「こういうことをすると、あの人は嫌がるだろうな」
「こういうことをすると、あの人は喜ぶだろうな」
「こんな時、あの人ならこう思うだろうな」
「こんな時、あの人ならこうするだろうな」

　そんな、「あの人らしいな」と「自分らしいな」が互いに「共感」で結ばれるのです。

　まずは、自分の個性をしっかりと知りましょう。自分のことを理解していれば、相手の気持ちもつかみやすくなります。そこに人間としての「共通点」と、個人としての「違い・個性」が明確に見えてくるということです。

　マナーにのっとり、自分の感情や思いを表現してみましょう。そして、自分のことを理解してもらいながら相手のことをできるだけ理解していきましょう。

　言葉を使いつつも、言葉を超えた、相手の気持ちを感じ取る・察する力が養われていきます。

こうして、「自分はほかの誰とも違う個性を持っている」を感じることができたら、たとえほかの人と対立して孤独になる瞬間があったとしても、自分らしさを保つことができますし、また、自分とは違う相手の気持ちももっと深く知ることができるのではないでしょうか。

◆「思い、感じたこと」を英語にして体に練り込む

「あなたってどんな人？」といきなり質問されたら、あなたはなんと答えますか？　うまく答えることができたなら大したもの！　でも実際はなかなか答えることが難しいかもしれません。

でも、ここで大事なことは、人とコミュニケーションをとる時には、実はいつもこの質問が浴びせられているということなのです。

あなたが、「相手がどんな人か」「どのような考え方なのか？」と相手を理解しようと思う時に、相手も同じような質問や疑問を持っていると想定します。相手の立場になって、相手が欲していることを察し、相手の立場になって嫌なことも察することが可能になってきます。

これが、基本であり、極意でもあります。

すぐにできる練習法としては、たとえばTwitter等に自分がどんなつぶやきをしているかを振り返って読んでみたり、LINE等での友達とのメッセージのやり取りを振り返ってみると、自分がふだん何を思い考えているかが見えてくると思います。「自分のつぶやきなんて大した内容じゃない」と思うかもしれませんが、英語にしようとしてみると面白くなります。「英語で話したい！」

という欲求を高め、それに応えてゆくのです。
　その際に参考になるのは、海外の同年代の人たちがTwitterでつぶやいていることや、YouTubeのコメントです。彼らはきっと私たちと同じような感情で同じようなものに対して同じような反応をしていることも多いはずです。
　「これ、自分の思ってることと似てる〜！」と思ったらその表現はすぐに覚えられるものです。すかさず保存し、感情を込めて何度か声に出しておけば、自然と言えるようになってゆきます。
　自分が「思い、感じたこと」を日本語でとらえ、英語にしては体に練り込んでいきましょう。
　「自分でとらえた自分の個性」を「「英語で思う力」の原動力」としていくのです。

# 訪日外国人による「不満ランキング」

　2017年2月の総務省・観光庁の「訪日外国人旅行者の国内における受入環境整備に関する現状調査」によると、旅行中に困ったこととして、「施設等のスタッフとのコミュニケーションがとれない」と答えた外国人の方が第1位で、全体の32.9％も占めていました。

　さらに、日経MJが訪日外国人100名を対象に行った「訪日外国人による「おもてなし」不満ランキング」という調査によると、

1位「外国語サービスが少ない(39票)」
- 有名なレジャーランドに行ったのに、演出が日本語で楽しめなかった
- 地下鉄が複雑すぎてわからないし、駅員さんに聞いても英語が全然通じず、駅で途方にくれた
- 飲食店に英語表記のメニューが少ない

2位「無料Wi-Fiの整備が遅れている(31票)」

3位「飲食店の食券システムがわからない(19票)」
- 食堂で自販機を指さされたが意味がわからず、店員も日本語しかしゃべらず、あきらめて帰った

4位「飲食店で食べ方を教えてくれない(17票)」
- 牛丼屋で生卵が出てきた。店員も説明してくれず、使い方がわからないままだった
- 店員は気にする素振りもなく、ロボットのように淡々と自分の仕事をするだけだった

という結果が出ました。

このことからもわかるように、訪日外国人の日本のサービスへの不満として、「英語が通じないこと」が多くを占めています。大切なのは「たとえ英語がしゃべれなくても、相手に興味を持ち、説明しようとする態度や伝えようとする思い」を表現することがマナーであり、大切なことなのではないでしょうか。

## 興味から

　国の違う人同士がお互いに気持ちよく接するには、一方的ではなく、双方が相手に対して敬意を抱き、尊重する姿勢がなければなりません。これは、自分と相手の存在を認め、興味を持つことから始まります。

　お互いが相手の立場に立って最低限の文化やマナーを理解し、承認し合うことで、よりよいコミュニケーションが生まれるのです。これって、何だか個人の友情や恋愛にも似ていると思いませんか？

　他者がいなければ自分は存在しているとはいいがたいし、逆も真なりです。とにかく興味を持って相手のことを「知りたい」と願い、声をかけていく。すると相手の気持ちや背景が見えてくる。学ぼう、という姿勢や熱意が見えていれば、相手もそれを感じ取ってくれるはずです。熱意ある人には人は寛容になり、またいろいろ教えたくなるものです。それは相手への尊敬の気持ちが行動として見えているということでもあります。人間である限り、根本は同じなのです。

### ◆ 挨拶

　挨拶は万国共通のマナーです。挨拶のない文化というものを私は知りません。これって、実はすごいヒントではないでしょうか？　挨拶をマスターするだけで、楽しさが倍増するのですから。

　挨拶に文法ミスはないので、心を開いてどんどん使う

ことができます。外国語の習得もまずはここから始まるのではないでしょうか？

　ホテルやお店などで人とすれ違って目が合った時、エレベーターに乗り合わせた時などは、明るく笑顔で、"Hi" "Hello" などと挨拶をしましょう。誰でも知っているカンタンな言葉だと侮るなかれ。繰り返し使っていると、英語を話す度胸が自然に養われます。そして「次の一歩」に踏み込んで言葉を話したくなってきます。挨拶は心を開き、意欲をくれるという、「使うほう」にもおもてなし効果がいっぱいの言葉なんです。英語の習得を「心を盛大に使う遊び」と思っておけばよいのです。

　ふだん、日本では知らない人とすれ違っても、挨拶はしません。ところが西洋では、他人と目が合えば、微笑んだり、声をかけ合うなどして挨拶を交わすのがふつうです。声を出せない状況でも、にこりと微笑みかけて、敵意がないことを相手に伝えているわけです。

　挨拶をするうえで気をつけなければいけないことが2点あります。スマイルとアイコンタクトです。この2つは外国の方と接するうえでとても大切なマナーです。

## ◆ 笑顔の注意点

　日本人特有のごまかし笑いや、ニヤニヤとした照れ笑いはやめましょう。このような笑い方をすると、不真面目な印象を与え、バカにされたと思われてしまうことが多いようです。

　照れ笑いで敵を作っては、大損ですよね！　異文化理解の前に、異文化「誤解」の種をなくしておきましょう。

これらのことは、実は日本の先人たちが体を張って学び、伝えてきてくれていることでもあるのです。それらのちょっとした知識が、無用なトラブルから私たちを救ってくれます。

また、口元を手で隠して笑うと、相手は意味がわからず、口が臭いとか内緒話をしているように思われてしまうことがあるそうです。

丁寧に振る舞っているつもりが、そのように思われてはたまらないですよね。

大切なのは、日本式、西洋式、〇〇式、のどれか一つが正しいのではなく、その状況でもっとも適切なやり方に切り替える、ということです。競技によってユニフォームが変わることに似ています。

### ◆ アイコンタクト

日本人に比べて、外国の方は相手の目をじっと見ます。これには理由があります。もともと笑顔で視線を合わせるという行為は、「互いに敵ではありませんよ」という意味だったようです。このエピソードだけでも、「おお！　日本と外国では大きな違いがあるのか！」と興味が湧いてきませんか？

笑顔の裏にはそれが必要にならざるをえなかった理由があります。無駄な争いを避けるためにさまざまな工夫が行われ、文化として定着しているのです。

日本は島国ですが、世界の多くの国は他の国と陸続きで国境を接しています。陸上では海上とは比較にならないくらいいろいろな民族や文化が行き来するため、互い

に怪しまれないように、目線を合わせているという話を聞いたことがあります。危険がいっぱいだからこその笑顔。私たちとは驚くほど発想が異なっています。

　ですから、日本人にありがちな、目をそらしたり、目が泳いだり、ということをすると、不信感を表し、「嫌われているのかなあ？」と思われたり、「自信がない人」のように見られてしまいます。知らず知らずのうちにこのようなミスをして、そのせいで互いに偏見を持ってしまうのは悲しいことです。でも、知っていれば大きな誤解をさけることができるのです。

　特に、接客やビジネスの場でこれをすると、「この人の話は信用できない」ものと受け取られてしまいますので、気をつけなければなりません。

　ただし、凝視も威圧感を与えてしまいますので、適度なアイコンタクトにしなければなりません（話している時間の70〜80％程度のアイコンタクトが理想と言われています）。にらみつける、のではなく、「一生懸命聞いてくれているな」と思われる程度でいいわけです。

対談　横手尚子・横山カズ

# 夢を受けとめる「英語4技能」を求めて
―― 個性とコミュニケーションのかけ橋

◆横手（S）　日本国内で英語を独学されたということですが、英語との出会いと学び始めたきっかけを教えていただけますか？

◆横山（K）　小さい頃にテレビで偶然見た同時通訳者の方が言語を瞬間的に通訳する様子があまりに鮮やかで、すごい衝撃を受けました。当時体も小さく得意なことや自信がなかった私が、生まれて初めて勇気を出して「これをやりたい」と大人に相談したんです。英語を話せるようになりたくて。でも当時はまだ英語の「4技能」という言葉も全く聞かれない時代でした。周りの大人も先生たちも含めて「英語を自在に話せるのは恵まれた環境にいる人だけなんだよ」「お父さんが外国で仕事をしていないと英語は話せるようにはならないんだよ」みたいなことばかり言われてしまい、途方にくれました。

　変えようのない境遇の差、どうして学ぶ機会が平等じゃないのか、という現実が子ども心に深々と刺さりました。今の英語講師をさせていただきながら「あの時代にこういう本があれば、こういう先生がいれば、こういう教育があればよかったのになぁ」という強い思いがあります。

◆S　学校での英語の成績はどうでしたか？　やはり、何とかしようと頑張ったのでしょうか？

◆K　いえ……実は……それはひどいものでした。小さな頃に大人たちからさんざん聞かされた言葉の影響で、「日本にいたら結局英語なんて話せないんだ」という思いから全く身が入ら

ず、中学も含めて高校3年の夏休み前までは偏差値の30前後をうろうろしていたんです。ひどい時は29とか。わらにもすがる思いで必死で入った外大も英米語学科には落ちてしまい、浪人するという選択肢はなくスペイン語学科に入りました。自分なりに英語に取り組みましたが、特に聞き取りが全くできず、本当につらい思いをしたものです。たとえば発音を適切に練習すれば英語の音が聞き取りやすくなる、といった知識さえ持っていなかったんですね。「英語はお前には向いていない」といろいろな人に何度も何度も言われました。自信も自尊心もズタズタでしたが、それでも1つ止めなかったことがあります。それが、「これを英語でなんて言うんだろう。僕ならどう英語で表すんだろう？」と考え、記録することでした。

　この習慣は今JALさんなどで同時通訳の仕事をすることとなっても続いています。すると、"自分自身の英語"すなわち"ほかの誰とも違った自分の本当の個性"も見えてくるのですね。当時は、英語が聞き取れないままに「自分の思っていること」を表す英語表現のノートばかりがたまっていきました。たとえばですが、挫折や失敗、時には失恋もそうですが、そんなネガティブな感情は一番心の深いところに突き刺さるんです。私はそれを自分の英語習得に生かすことを考えました。

　自分の思っていることを英語で追いかけると、自分がどのような人間で、物事にどう感じ考え反応するかが見えてきます。What Why How といった関係詞の出番ですね。「あなたってどんな人なの？」と聞かれた時にうろたえないように。人は誰でも自分の中にある自分だけにしかない「物語」を持っているものですからね。自分だけの「感情の経験」を大事にしたいものですね。

◆S 自分の思っていることを中心に勉強されていた、と。それは初めて聞いた英語の学び方です。
◆K 自分を主人公にすることによって驚くほど英文を思いつくスピードが上がるんです。意外かもしれませんが私が重視しているのは「ネガティブな感情の経験」です。

　人間は、うれしかったことよりもつらい経験をよく覚えているものです。いじめられっ子がいじめられたことを鮮明に覚えているようなものです。私は子どもの頃はとても小さくて、よくいじめられていましたので、忘れたくても忘れられない。長く生きるほどそんな経験は増えていきます。つらいこともありますが、それらは自分にしかできない生き方によって手に入れた、大事な英語4技能習得の燃料なんです。英語ではCharacter-building（人間形成・魅力を増す過程）といいますね。

◆S さらに具体的にはどんな学習をされたのですか？
◆K 英語学習のすべてを自分を主人公にして進めていきます。TwitterなどのSNSや日記、さらには周りの友達や家族との会話を録音してみましょう。それが今の自分が当面必要としている英語のスピーキングの範囲となります。それらを関係詞、基本動詞、前置詞のコンビネーションからなるシンプルで使いまわしの利く英語に落とし込んでいきます。英語の4技能は究極的には1技能、すなわち英語で「思う力」だと私は思っています。

　人は実際に声に出して話している量の何倍も何十倍も実は心の中で思っていますよね。これがもっとも重要なポイントです。話すより「思う」ほうが圧倒的に多い。それを英語でできるようにしていけばいいんです。

懐かしい歌を聞くと昔の記憶が一瞬で、鮮やかに蘇ることがありますね。あの感じに近いです。日記やSNSのつぶやきでよく使うフレーズはすぐ覚える。なぜならそれはすでに心の中にあったものだからですね。一人でものを考える時、よく「〜かなあ」という表現を日本語では使います。英語でそれにあたる"I wonder 〜"でそれらはすべて表現できてしまう。英語で"思う力"の中核をなすものの一つで、これによって頭の「英語のスイッチ」が入りっぱなしになります。思ったことを瞬間的に英語にできる"会話の瞬発力"が手に入ります。

　実際に英文を瞬間的に思いつくようになると、これは大きな自信になります。

◆S 「シンプルで使いまわしの利く英語」、についてもう少しお話しいただけますか？

◆K 実は大学生当時、奨学金をもらいながら生活のためにアルバイトで外国人向けナイトクラブのバウンサー(セキュリティ担当の用心棒)をやっていました。格闘技の経験と体格を買われてのことだったのですが、そこはさまざまな国から来た猛者が集まるなかなか荒っぽい職場でした。敵対し合っている国々の人たちや軍隊経験者、そしてヘビー級の格闘技経験者まで集う、文字通り何でもありの世界でした。そんなメンバーがひしめくクラブで、お酒が入るのでトラブルが非常に多いんです。ただ、すごいというか、そんな荒っぽい彼らのけんかでさえ共通語は英語なんですね。これが、みんななかなかうまいんです(笑)。当然私の仕事はけんかを止め、できるだけ穏やかにお客さんにお帰りいただくことです。英語では「場を丸く収める」ことをde-escalateといいますが、英語ができれば暴力的な事態になる前にその場を収められる可能性が増えるんです。

できる限り頑張りました。そこで気づいたんです。人は泥酔したり、けんかになったりして感情的になるほど、本音に近づくほど単語や表現は簡単になり、イントネーションは豊かになる。そして話すスピードは速くなる。言い換えると、使う言葉が難しいほど、理解してくれる人の数は減っていく。これは国際英語という視点からでもとても大事じゃないかと思っています。そこで飛び交っていたのが基本動詞であり、関係詞なんですね。

◆S　シンプルな英語、とおっしゃいましたが同時通訳者としては専門的な知識も大事なのではないでしょうか？
◆K　もちろんです。そしてテーマは毎回変化します。医療であったり、環境であったり、航空関係だったり毎回変化します。ただ確かなことは、同時通訳で必要とされる英語の「瞬発力」は、心と英語をつなぐ自分を主人公にした基礎練習があるからなんです。

　ふだんは発話の主人公は自分自身ですが、通訳の時はそれがクライアントさんになるわけです。相手の気持ちや意図を感じ取りながら通訳します。その時に私の場合はクライアントさんを興味の対象として、好きになってしまうんです。するとうまくいくことが多いです。横手先生の提唱される「マナー」や「おもてなし」が「相手の欲しているものを察し、提供する」、英語では "being able to figure out what they want and provide it" とでもいうのでしょうか……ということであれば、私の同時通訳のスタイルはそれに近いものであるかもしれません。自分の心がわかるように相手の気持ちがわかれば、コミュニケーションはスムーズにいくのではないでしょうか。

◆S　たしかに共通点は多いと感じます。「同時通訳」と「英

語の４技能」教育をされている横山先生にとって、コミュニケーションで大切なことは何だと思いますか？

◆K　やはり個性・自信・心のニーズではないでしょうか。英語の４技能を学ぶ過程で、本人自身でさえ気づかなかった「個性」が見えてくる。個人のアイデンティティそのものといっていいでしょう。つらいことがあったりして心が縮こまっている時こそ、英語も心も大きく伸ばす機会に変えてゆきたいですね。

　自分という人間、そして相手という存在が、ある物事に対し何を感じ、考え、どう反応しようとしているか。それは英語でいえば５W１Hの関係詞と基本動詞というシンプルな言葉で表現できるんですね。自分に興味を持ち「あなたってどんな人？」という質問に答えられるようになりながら、「あなたってどんな人？」と他者に興味が持てるようになればいいわけですね。相互理解、ひいては異文化理解につながる、アイデンティティを知り伝える「かけ橋」として、私は４技能型学習を位置づけたいと思います。

　自分の心に合った英語を身につけたなら、知識量やスコアのみならず、内なる粘り強く折れない自信が手に入ると信じます。その自信は生きてゆくうえでさまざまな局面において自分を支え、また夢を実現する手段となると思います。

◆S　なぜそこまで英語を話すことに執着されたのでしょうか？

◆K　伝わりにくいかもしれませんが、子どもの時に直感的に抱いた憧れ……それだけなんです。物心ついた頃に同時通訳者を見てこれだ、と感じた思いをずっと追いかけているんです。

◆S　今後の目標はありますか？

◆K　目標というのでしょうか……。私の願いとしては、英語の４技能学習の機会が誰に対しても開かれてゆけば素晴らしいと思うんです。私が経験したような、本来不要であるべき苦労はないほうがいいと思います。その分もっと他の夢や目標に時間とエネルギーが割けるようになればと……。日本、ひいてはこの地球上のどこででも、やる気さえあれば４技能が学べる環境になればよいと思っています。また、最近は講演などで各地の英語教員の方々とも交流する機会がどんどん増えています。学校では英語を教えることだけでなく、それ以外の数限りない業務に忙殺されながらも、先生方が寸暇を惜しんで４技能の教え方を研究され、熱意に溢れた素晴らしい授業をされています。それは小さな頃の私が夢見た世界そのものなんです。私も過去の自分が出会いたかったような講師でありたいです。語学の学習には夢があってほしいです。

# 5.

## 心をつなぐマナーと
## コミュニケーションの英語

# おもてなし英語

　私(横手)の社会人向けの「おもてなし英語講座」の受講者のなかに、「学生の頃から身につけておきたかった内容だ」とおっしゃってくださる方もたくさんいらっしゃいます。実社会において必要になるものですが、学校ではあまり触れない内容だからなのですね。マナーと同様、おもてなしの英語も子どもの頃から自然と身につけていく環境があればと私は考えています。

　海外の人と英語でコミュニケーションを図る時にもっとも大切なことは、「相手にわかりやすい心の込もった英語」で話すということです。つまり「おもてなし英語」です。これは日本語にも同じことが言えると思います。

　具体的には、

①Speak loud and clear.

　大きな声で、ゆっくり、はっきりと、伝わりやすい発音で話す。

②Keep your English nice and simple.

　なるべくシンプルな単語や文法。

③Be attentive and act with grace.

　心の込もった表現(気づかいの感じられる言葉・表情・態度)です。これらを私は「おもてなし英語講座」で、「おもてなし(接客)英語の3大原則」と呼んでいます。

　では、なぜシンプルな英語が大切なのでしょうか? それは、相手が英語圏の方とは限らないからなのです。

## 5章 ◆ 心をつなぐマナーとコミュニケーションの英語

　2017年度に日本に訪れた外国人の数を例にとってみると、前年比19.3％増、過去最高の2869万人余でした。そしてその85％強が、中国、韓国、台湾、香港、タイ、シンガポール、マレーシア、フィリピン、インドネシア、ベトナム、インドなどのアジア圏からの旅行者でした(日本政府観光局JNTO)。

　つまり、日本を訪れる外国人観光客の多くは英語を母語としてはいないのです。そこで、わかりやすく、また心に伝わる方法が必要となってきます。つまり本書で扱うおもてなし英語の出番となるわけです。

　できるだけシンプルでわかりやすく、話し相手に安心感を与えるスタイルでいきましょう。

　新しい単語や表現を覚えることもいいですが、「今すでに知っている単語をフル活用する」ほうがきっと現実的で効果が出やすいと思います。難しくてふだんあまり使わない単語ほど「度忘れ」しやすいことも覚えておきましょう。忘れても簡単な言葉で言い換えられるように、どこから来た誰にでもわかりやすい「言葉のおもてなし」を目指しましょう。

　JNTOは法務省の協力による独自推計値として、2018年12月18日時点の訪日外国人旅行者数が3001万人となったことを発表。2018年は史上初の3000万人超えの節目の年となりました。

　2020年にはオリンピック・パラリンピックが東京で開催され、訪日外国人観光客数は4000万人に到達すると予測されています。日常の風景として外国人の方々と、

さまざまな所で出会うということは想像に難くありません。英語は必要になります。

　訪日外国人の方々に日本に来てよかったと思っていただくためには、英語だけでなくマナーも必要になってきます。マナーとは、相手の立場に立って、思いやりの心を行動として目に見える形とすることです。

**Treat others as you would wish to be treated yourself.**
　自分がしてほしいと思うことと同じことを相手にする。

**Be able to figure out and give what they want.**
　相手の欲していることを見つけて、それをしてあげる。

**Walk a mile in their shoes.**
　相手と同じ立場に立って考える。

(S)

# 心をつなぐ英語　発音講座

　おもてなしの英語は、「明瞭で」「通じやすい」、「言いやすい」そして「聞き取れる」ことが大前提です。英語のトラブルの多くは、リスニング力の不足が原因です。聞き取れる耳を手に入れるには自分がその発音ができればよいのです。言い換えると「言えたら聞ける」ということです。

　ふだん英語の音読練習をする時に、最初に押さえておきたい役立つコツをざっとまとめました。音読練習する時に実験してみてくださいね。

### ◆ カンタンな単語ほど聞き取りにくい

　一番よく出会う前置詞(in/on/to/with/for/at 等)や冠詞(a/the)ほど、聞き取りが難しいのです。なぜならネイティブにとっては慣れっこで、使い尽くし知り尽くし、出会い尽くしているからです。

　前置詞・冠詞は後ろに続く名詞の一部として弱く一息で言いましょう。

### ◆ 難しく長い単語ほど聞き取りは実はラク

　どんな単語も強くはっきり聞こえる音は1つ(第1アクセント)しかありません！

　下の Problem がわかりやすいと思います。ほかの音は消えていっても RO の部分がいつも強く発音されています。そこを強く長く大げさに言う練習をしましょう。

その部分がしっかりと耳に入ってくるようになります（p, b, m の子音字には pU, bU, mU と日本語のように母音を入れないように！）。

pROblem——No pROblem　pラーbルm
pRObm——No pRObm　pラーbm
pROm——No pROm　pラーm

ここまで減ってもアクセントの位置は同じ。

### ◆ 発音のポイント

\* 「子音字＋r」は超特急で通過する。たとえば pray は日本語的に発音すると「プレイ」となり、p のあとに不要な u を入れてしまう。これを防ぐには、取りあえず超特急で通過する。

\* -tion, -sion は常に弱く「シャン」と発音する。

\* -age は「エイジ」ではなく「ィジ」のように発音する。たとえば manage はマネージ、ではなくメニジ、のように発音する。

\* 二重母音はまろやかに。たとえば ei(エイ)ならば、初めの音を少し長めに伸ばし(エー)、2つ目の音を後ろに軽く付け添える(ィ)感じで。

\* 日本語にはあごを動かさない「オー」はあっても、あごを動かす2音からなる「ou(オウ)」という発音はない。思いっきり意識してくちびるを丸めるか、あごをカックンと上げるべし。

\* やはり日本語にはない「ズィ」にも細心の注意を。うっかり気を抜くと「ジ」となってしまう。「ズィ」の音が出ない人は、A4 ぐらいの紙にひらがなで大きく「ず

ぃ」と書いて読むと一発でできる。
＊逆に英語にはあごを動かさない「エー」という発音はない。「エ」が伸びる時には必ずあごを動かす「ei(エイ)」の2音となる。
＊rは、口の中のどこにも舌を付けずに発音する。常に自分のrの音に耳を傾けていると、ネイティブのrとlも聞き分けられるようになる。

(K)

## 聞き取れなくても大丈夫！

　日本人は「シャイだ」という説もありますが、そんなことはありません。日本人同士で日本語で話している時はみんな元気いっぱいでとても楽しそうに話しています。

　ではなぜ「シャイだ」といわれることがあるのでしょうか？

　それは「英語が聞き取れない」ことによる「恥」の感情のせいだといえます。もちろん英語が聞き取れれば一番良いのですが、たとえ聞き取れなくても、大切なことは「相手の意図をくみ取り、それに応じる」こと。であれば、1つ目の技能(リスニング)が駄目なら2つ目の技能(リーディング)を使えばよいのです。この「安全装置・命綱」があれば今までよりずっと積極的になれると思います。

　むしろ初めのうちは、「聞き取れたらラッキー！　どのみち対策は取ってあるもん！」ぐらいの心境でよいのです。英語力は練習している限り、追いついてきます。あくまで大切なのはコミュニケーションを成立させることです。

　英語を「積極的に話しなさい」というアドバイスもよく聞かれ、また「積極的に話さないと」とプレッシャーを感じることもあるかもしれませんが、それができるなら苦労はしませんよね。でもこのやり方なら「積極的になりやすい」心の状況を自分の意志で即座に作り出すこ

とができます。

　仮にスマホなどがなくても、ほかの人に助けを求めるなど創造的に行動もできます。つまり、主体的に行動しやすくなるわけです。

　試行錯誤しながら、だんだんと英語の力もつけてゆけばいいのです。

　以下の簡単な表現の間にも相手の「さまざまな表情」「求めているもの」が想像され、見えてくればよいのです。人はいつも言葉以上のことを感じ取り、読み取る力があります。存分に生かしていきましょう。

Could you repeat it?
　もう一度言ってくださいますか？
Excuse me, but could you write it here?
　すみませんが、こちらに書いてもらってもよろしいですか？
Excuse me, but could you type it here?
　すみませんが、こちらに打ち込んでもらってもよろしいですか？
（時間）It takes you 〜 minutes/hours to get to ―.
（金額）It costs you 〜 yen to buy ―.
　―までは〜くらいかかりますよ。
You might want to 〜.
　〜されたほうがよいかもしれません。
Take care and have a safe trip!
　お気をつけて。よい旅を！
It was nice talking with you!
　お話しできてよかったです。

（K）

## シチュエーション別、知っておくと便利な表現1
# 3大NGジェスチャーと相づち表現

　私(横手)はニヤニヤ・ペコペコ・ウンウンを日本人の3大NGジェスチャーと呼んでいます。それらは、相手の目にとても奇妙に映ります。背筋をまっすぐ伸ばして、相手に微笑んでみましょう。そして熱意の伝わる力のこもった握手。友達同士ですぐに練習できます。効果的ですよ。

◆ **おもてなし英語表現とマナー的観点からのアドバイス**
①ごまかし笑いやニヤニヤとした照れ笑いは相手に不快感を与えてしまうのでやめましょう。このような笑い方をすると、不真面目な印象を与え、バカにされたと思われてしまうことが多いのです。また、口元を手で隠して笑うのも相手に誤解を与えかねません。

②猫背で何度も何度も頭を下げるペコペコしたお辞儀や、握手をしながらお辞儀をするのは滑稽に見られます。
　小さく縮こまるような動きは、基本的に好ましくないと覚えておきましょう。相手に安心感を与える堂々とした立ち居振舞いをするだけで、コミュニケーションは劇的に好転します。また、そのような振舞いは自分自身の心にも余裕を与えてくれるものです。姿勢や動きと心は自分の心とも、相手の心ともつながっています。

③「ふーん、ふーん」という絶え間ない相づちをやめ、目を使いましょう。

　日本人は世界でもっとも相づちを打つ国民だといわれています。その相づちが相手をイライラさせているとしたら大変なことです。でも、これは現実なのです。日本人はアメリカ人の2〜3倍の頻度で相づちを打つ、という研究結果がでているとある本で読んだことがあります。

　こう書くと、アメリカ人は相づちを打っていないかのように思われるかもしれませんが、そうではありません。彼らはちゃんと目の表情や眉の動きなどで、「あなたの話を聞いていますよ」というサインを送っているのです。このことからも、アイコンタクトがいかに大切かということがわかると思います。

　さらに、日本人によくありがちな、相手の話を理解していないのに、相づちを打ったり、yesを連発したりすると、相手は「共感し、同意しているもの」と思い込んでしまいます。このような誤解から、トラブルに発展してしまうことがあるということはよく聞く話です。

　アイコンタクトをしっかりとり、たまに大きく頷くなどしながら、yes以外の相づち表現を使って心地よいコミュニケーションを図りましょう。

## ◆ いろいろな相づち表現

yes（はい）, ah（ああ）, oh（オー！）, uh-huh（うーむ）, mm-hmm（うーむ）, exactly（たしかに）, right（そのとおり）, sure（そうですね）, ok（オーケー）, of course（もちろん）, I see（そうですね）, indeed（そのとおり），

wow (おー), cool (すごい)

That's great, That's right, That's true, Absolutely, Definitely, I think so, I believe so, Fantastic, Sounds good (それはすごい、そのとおり、素晴らしい、など)

Really?, Are you serious? (本当？)

Unbelievable! That's incredible! (信じられない)

That's awesome! (それいいね)

That's interesting. (おもしろい)

That's terrible! (それはひどい)

That's a shame! (残念)

Sorry to hear that. (残念)

That's too bad. (ひどい、残念)

No way! (とんでもない)

　このほかにも、以下のような表現で「ほんとに？」「そうなんだ～」といった傾聴の姿勢を表すこともできます。

◆「傾聴の姿勢」を示す便利な相づち表現

相手の使った時制で返す。

I like durian. ——**Do you?**

　私はドリアンが好きです。——そうなの？

I went to Paris last week. ——**Did you?**

　先週、パリに行きました。——行ったの？

He didn't come. ——**Didn't he?**

　彼は来なかった。——来なかったの？

He is a famous doctor. ——**Wow, is he?**

彼は有名な医者だ。——へー、そうなの？

I've never been to Italy. ——**Haven't you?**

僕はイタリアに行ったことがない。——行ったことないの？

They won't attend the meeting. ——**Won't they?**

彼らはそのミーティングには参加しない。——参加しないの？

(S)

## シチュエーション別、知っておくと便利な表現2
## 感謝の気持ちを表す

簡単なお礼は "Thank you." だけでも十分ですが、本当にありがたいと思った時や真心を伝えたい時には、感謝の言葉をできるだけ具体的に伝えるようにしましょう。または、"Thank you." に続けて "I appreciate it." と言うのも気持ちが伝わります。

### ◆ おもてなし英語表現とマナー的観点からのアドバイス

Thank you for ～という表現を使い、for のあとに具体的な感謝の内容を添えるだけでも気持ちが伝わり、よりよい人間関係を築くことができます。

**Thank you for your help.**
　手伝ってくれてありがとう。

**Thank you for your call.**
　お電話ありがとうございます。

**Thank you for (all) your time.**
　お時間をいただきありがとうございます。

**Thank you for everything.**
　いろいろありがとう。

**Thank you for everything you've done for me.**
　いろいろとお世話になり、ありがとうございました。

**Thank you so much for sharing your idea with us.**
　お考えをお話しいただきまして誠にありがとうございます。

5章 ◆ 心をつなぐマナーとコミュニケーションの英語

英語には "Thank you." に対していろいろな答え方があります。いつも同じ受け答えばかりでなく、いろいろな表現を使えるようにしましょう。

You're so very welcome.
My pleasure.
It's my pleasure.
The pleasure is (all) mine.
Not at all.
Don't mention it.
No problem.
That's okay.
Don't worry.
Never mind.
No worries.
It's nothing.

外国人とのコミュニケーションにおいて、Thank you. はもっともよく使われる言葉であるだけに、それに対する答え方にもいろいろなバリエーションを持っていたほうが、より会話がはずむことになるでしょう。
こんなにたくさんの言い方があるって素敵ですよね！

(S)

## シチュエーション別、知っておくと便利な表現3
## とっさの一言

　外国人の体に接触してしまった場合、くしゃみをした場合、エレベーターに乗り込む場合、あるいはお店やレストランなどでの店員さんがよく使う言葉がけに対し、無反応でいるのはマナー違反です。とっさの一言が言えるようにしましょう。にこりと微笑みかけられて、また感謝の言葉を言われて不快に思う人はいません。言葉や表情は気持ちの表現です。気持ちの行き来を楽しみましょう。また、たとえ相手の反応がなくとも優しい気持ちを持って行動していることに自信を持っていきましょう。

### ◆ おもてなし英語表現とマナー的観点からのアドバイス
### ①他人の体に接触してしまった場合
　特に欧米人は体の接触(Physical Contact)に関してはとてもシビア(敏感)ですので、必ず、"I'm sorry." や "Excuse me." と言って謝りましょう。何も言わないのは大変失礼で、不愉快な気持ちにさせてしまいます。

▷知っておくと安心、パーソナルスペース
　欧米では personal space という言葉があり、自分が不快に感じない他人との物理的な距離・空間を意味します。日本人のパーソナルスペースは平均60〜90センチであるのに対し、アメリカ人の場合は平均120〜150センチだと聞いたことがあります。

つまり、日本人のほうがパーソナルスペースが狭いため、アメリカ人と初めて接する時には距離感に気をつけなければならないということです。日本人同士の感覚で近づくと、不快感を与えてしまうことになってしまいます。

特に銃社会であるアメリカでは、パーソナルスペースを尊重するため、注意を払わなければなりません。ちなみに中国人のパーソナルスペースは日本人よりもさらに狭いといわれていますし、中南米も身体接触に寛容ですので、わずか30センチ程度の距離まで近づくこともよくあります。

行く先々で、少し観察すれば、この距離感はすぐに学んで応用できると思います。マニュアルではなく、自分の目を使って行動してみましょう。

### ②くしゃみをした場合

くしゃみをすると、"Bless you!" と言われることがあります。昔、"Achooo!"（ハクション）とくしゃみをすると、魂が吹き飛ばされてしまうと古代人が信じていたことの名残りから、魂が体に戻れるように、声をかけるようになったと言われています。

Bless you とは「神のご加護がありますように！」、つまり「お大事に！」という意味ですので、言われたら必ず "Thank you!" と答えるようにしましょう。言わないと、とても感じの悪い印象を与えてしまいます。

ちなみにアメリカ人の男性の中にはハンカチで鼻をかむ人がいますが、これはごく当たり前のことです。鼻を

すするのはエチケットに反するので必ず鼻はかむようにしましょう。

　また、英語圏では、げっぷやおならをした場合にも"Excuse me!"と言って謝ります。周囲はそれに対して、答える必要はありません。英語で空気を読む時間ですね。

③エレベーターに乗り込む時

　一般的に、"After you!"（お先にどうぞ）と言って他の人に先を譲るのがマナーです。譲られた人は、必ず"Thank you."と答えるようにしましょう。

　先に入った人は、操作盤で「開く」ボタンを押し、"Which floor?"（何階ですか？）と尋ねてあげるのが親切です。聞かれた（尋ねられた）人は、"Fifth floor, please." などと答え、そのあとに "Thank you." と必ずお礼を言いましょう。

　出入り口のドアにおいても同様です。"After you." または "Please go ahead." などと、他者に対して思いやりの気持ちを行動と言葉で表すことが大切です。

④海外に行った際にお店で

　"May I help you?" と店員さんが寄ってきたら、必ず一言返すのがマナーです。いろいろな表現が使えます。

**Just looking, thank you.**
　ちょっと見ているだけです。
**I'll have this./I'll take it./I'd like to get this.**
　これをください。

**Can I try a smaller/larger one?**
　もっと小さな／大きなサイズはありますか？
**Can I have a new one?**
　新しいものはありますか？

　同じようにレストランで食事中に "How's everything?" あるいは "Is everything okay?"（料理はいかがですか？）などと聞かれた場合も、ただ笑っていたり、無反応でいると大変失礼にあたります。これは、答え方を知らないばかりに気まずい思いをする典型例の一つでもあります。その場合には、
**Everything is fine, thank you.**
　ありがとうございます。これで結構です。
**It's very good/delicious.**
　とてもおいしいです。
**Everything was great. I really enjoyed the meal.**
　すべて申し分ありません。たいへんおいしくいただきました。
**Can I have some water?**
　お水をください。
**Can I have another beer?**
　ビールのおかわりをいただけますか？
などと、何か一言答えるようにしましょう。サッと言えると、非常にスマートですよね。

　また、英語圏の人との会話において、沈黙(remain silent)が一番よくありません。質問されて言葉に詰まった時には「つなぎ言葉」を使いながら、答えを考えま

しょう。

　つなぎ言葉は使わないにこしたことはありませんが、避けられないものでもあります。これらの表現を使い、沈黙を避けると、頭の中の「英会話のスイッチ」が入りっぱなしになり、結果的に英語を話すことに慣れやすくなるという、うれしい効果もあるんです。

Well...　ええ……
Let me see.　えーと／どれどれ／そうね。
I mean...　つまり……
Let me think.　えーと、ちょっと考えさせて（即答できない時）。
What should I say...　なんと言ったらいいか……
That's a good question.　いい質問ですね。

　英語圏の人に質問された時に何秒間も沈黙していると、文化的摩擦（cultural friction）を生じます。一般的にこのような場合、日本人は答える前に文法的に正しい文章を頭の中で組み立てようとしています。ところが、相手はその沈黙を、「この人は理解できていない」ものと判断してしまうのです。

　この文化的摩擦を避けるために、つなぎ言葉を使い、考えをまとめる時間をかせぐようにするとよいでしょう。

　もしくは、これは苦肉の策ですが、

"When I become silent, it's just my English and nothing personal."

　私が何も言わなくなったら、英語の問題で、悪気はな

いんです。
とこちらから予防線を張るのも一つの方法です。とにかく主体的に行動して、誤解を避ける方法を探る姿勢を大事にしましょう。黙っていてはいけません。ただし、like、you know、kind of(ってゆーかー、えっと、あのー)のようなつなぎ言葉はカジュアルで砕けすぎているので、ビジネスや接客シーンでは使いすぎないようにしましょう。

(S)

## シチュエーション別、知っておくと便利な表現 4
## 異なった意見、反対の意見を伝える

　反対意見を伝える際、単に "I disagree with you." や "I can't agree with you." だけでは唐突すぎて相手を傷つけてしまいます。そこで、いろいろなクッション言葉を用いることで相手を尊重し、思いやる言い方をするようにしましょう。「英語は何でもかんでもダイレクトに」というわけではありません。あくまで互いの共通点である「心」を中心に話し方を考えます。

◆ おもてなし英語表現とマナー的観点からのアドバイス
①反対意見を述べる時
　相手を尊重し、思いやる言い方をするよう配慮しましょう。文頭に I'm afraid/You could be right/I see your point などのクッション言葉を添えると、印象が柔らかくなり、相手を尊重する姿勢がうかがえます。

**I'm afraid** I have to disagree with you.
　あいにくあなたの意見には同意しかねます。

**I'm sorry, but** I don't think that's true.
　残念ながら、そうは思いません。

**You could be right, but** I think there's a better solution.
　おっしゃることは正しいかもしれませんが、もっと良い解決策があると思います。

**I see what you're saying, but** I have a different point of view.
> あなたのお考えもわかりますが、私はそう見ていないんですよ。

**That's an interesting idea, but** actually I see things a little differently.
> それは興味深いご意見ですね。でも実は私、少し違った見方をしています。

**I don't want to disagree, but** I believe that our economic analysis is accurate.
> 反対はしたくありませんが、私どもの経済分析は正確だと思います。

**I do see your point, but** I believe that there is a better way to do it.
> おっしゃることはごもっともですが、私はこうしたほうがよいと思います。
> ※ I think よりも believe のほうが強い信念や自信、意志が感じられます。自分の意見をはっきりと伝えるには believe を使うことをお勧めします。
>
> また I think と言うと基本的には Because 〜によって論理的に理由を言えることが前提となりますが、個人的信念や宗教的信念などの、理屈を超えた信念がある場合には think ではなく believe を使います。

Let me **share** our project with you.
> 私たちのプロジェクトについてお話しいたします。
> ※ share：〜を言う・〜についてお話しします。
> "Let me tell you about our project." よりも、"Let me share our project with you." のほうが一方的でなく、「情報を一緒に共有しましょう」という協調性がより強く感じられます。

## ②お互いの意見の違いを認める場合

**(Let's) agree to disagree.**
　反対意見を持つことに賛成する(直訳)

We have to **agree to disagree** on that.
　それについては意見の違いということで納得しなければなりません。

　つまり、自分と意見は違うけれど、あなたのことを思えば私は納得しますよ、という意味で、まさにマナーの心を言葉で表しているといえます。互いに尊重しているわけです。日本語の「お互いいろいろありますよねぇ」に近いともいえますね。

## ③お誘いや依頼をお断りする場合

　相手を嫌な気持ちにさせないように、クッション言葉を使って断る理由を伝えましょう。

**I (do) wish I could, but** I already have an appointment.
　できればそうしたいのですが、あいにくすでに別の約束が入っているんです。
　※do を入れて、I do wish I could と言えば、さらに丁寧さがアップします。

**I'd like(またはlove) to, but** I have to study for the exam that day.
　そうしたいのはやまやまですが、あいにくその日はテスト勉強をしなければならないのです。

**That sounds great, but** I really don't have any time.
　それはいいですねえ。でも私、本当に時間が全くないんです。

いずれも、but のあとに「なぜできないのか」という断る理由を続けることで、丁寧な断り方ができます。

(S)

## シチュエーション別、知っておくと便利な表現 5
## お願いをしたり、頼みごとをする時の丁寧な言い方（敬語表現）

　みなさんは、英語にも敬語があるのはご存知でしょうか。実は、英語にも日本語の敬語に相当する「礼儀正しい言葉づかい」や「丁寧な話し方」があり、ネイティヴは親しい間柄でもよく使っています。

　人にお願いをしたり、頼みごとをする丁寧な言い方に、
Could you ~?/Would you ~?
～していただけないでしょうか？／～してくださいますか？
という言い方をします。

　これらは、
Can you ~?/Will you ~? や Please ~.
～をしてくれない？／～してください、よりも丁寧な表現になります。

＊「Please をつければ丁寧な表現」と習った方も多いかと思います。しかし実際には、please は命令や指示をするようなニュアンスが強くなるようです。「お座りください」のつもりで "Please sit down." と言うと、親が子どもに「座りなさい」と言っているような感じがあるので、"Please have a seat." "Please take a seat." などと言い換えましょう。

## ◆ おもてなし英語表現とマナー的観点からのアドバイス
迷ったら Could you で！
《Could you と Would you の違い》

基本的に "Would you 〜?" は「〜してくれる気持ちや意思があるかどうか」を、すでに相手にできることがわかっているという前提で尋ねる言い方であるのに対し、"Could you 〜?" はまず、「〜することが可能であるかどうか」を尋ねる表現になります。

つまり、「意思」よりも「可能性」を尋ねられたほうが相手も断りやすいという点で、"Could you 〜?" のほうが相手への配慮が感じられ、より丁寧だといえます。迷った時には Could you を使うようにしましょう。

**Could you** give me a call tonight?
今夜お電話くださいますか？
→ 今夜電話をかけることが可能かどうかを尋ねています。

**Would you** give me a call tonight?
今夜お電話をくださいますか？
→ 相手の都合を尋ねる前に、今夜電話をかける意思があるかどうかを尋ねています。

さらに、"Couldn't you 〜?" という否定形での言い方は、「〜してくださいますよね？（〜するのが当然）」といった半ば強引で相手に断りにくいニュアンスを与えてしまうので、おもてなしのシーンでは絶対に使わないようにしてください。おもてなしで相手を脅してはいけませんから。

同じような意味合いで、Would you mind ~? という表現もよく使われます。
Would you mind ＋動名詞？
Would you mind if ＋動詞の過去形？
「~をしてくださいませんか」「~しても構いませんか」

**Would you mind** opening the window?
　窓を開けていただけますか？
**Would you mind if** I came along?
　ご一緒してもよろしいでしょうか？
**Would you mind if** I got back to you later?
　あとからおかけ直ししてもよろしいでしょうか？

《返答の仕方に注意が必要》
　"Would you mind ~?" は、直訳すると、「~するのは気になるかな？」や「~するのは嫌ですか？」という意味になるので、「ううん、全然気にしないよ」「いいですよ〜」と返答したい場合には、"No."（→I don't mind.）や "Not at all." で答えます。
　"Yes."（→I do mind.）と答えてしまうと、「うん、気にするよ」「嫌です」という正反対の意味になってしまいますので気をつけましょう。ちなみに私が講師を務めている駿台の専門学校の留学生たちに聞いたところ、中国語、韓国語、ベトナム語などアジアの言語も日本語と同じ言い方をするそうです。

## 5章 ◆ 心をつなぐマナーとコミュニケーションの英語

《ワンランク上の丁寧な依頼表現》

Would it be possible to reschedule the appointment?
予約を変更するのは可能でしょうか?

Would it be possible to ask you to help me carry this baggage?
この荷物を運ぶのを手伝っていただけませんか?

It would be helpful if you could show me the way to Tokyo station.
東京駅までの行き方を教えていただけると助かります。

I'd appreciate it very much if you could buy a ticket for the Narita Express.(仮定法過去)
成田エクスプレスの切符を買っていただけたら、大変ありがたいです。

このように仮定法は相手を気づかい、丁寧な言い方をするのに欠かせません。ネイティヴは頻繁にこのような丁寧な表現を使うことで、相手への気づかいと礼儀正しさを表しています。

If it's possible, may I ~?
もし可能であれば、~してもよろしいでしょうか。

If it's OK with you, may I ~?
もし大丈夫でしたら、~してもよろしいでしょうか。

If you don't mind, may I ~?
もし差し支えなければ、~してもよろしいでしょうか。

I'm sorry to bother/disturb/interrupt you, but could you ~?

お取り込み中申し訳ございませんが、〜していただけないでしょうか？

**I know you are busy, but could you 〜?**
お忙しいところ恐れ入りますが、〜していただけないでしょうか？

**If you have some time, could you 〜?**
もしお時間があれば、〜していただけないでしょうか？

**If it's not too much trouble, could you 〜?**
もしお手数でなければ、〜していただけないでしょうか？

**I hate to ask you this, but could you 〜?**
大変恐縮ですが、〜していただけないでしょうか？

【知っておくと便利な表現4】では、相手に否定的な意見を伝える時に文頭に添えるクッション言葉をご紹介しましたが、お願いごとや頼みごとをする時にも相手を気づかい、思いやりの気持ちを表すことのできるクッション言葉もこんなにもたくさんあるのです。英語も日本語と同じですね。ぜひ使ってみてください。

(S)

5章 ◆ 心をつなぐマナーとコミュニケーションの英語

> シチュエーション別、知っておくと便利な表現6
> **相手に許可を得たり、自分から行為を申し出る時の丁寧な言い方**

## ◆ May I ~?「~してもよろしいでしょうか」(敬語表現)

"May I help you?"(いらっしゃいませ、お手伝いしましょうか?)のように、相手に許可を得たり、何か行為を申し出る時には、May I のあとに自分のしたい動作を表す動詞をつけることは、学校でも習っていると思います。

**May I help you?**
いらっしゃいませ。
直訳は、「いらっしゃいませ」「お手伝いしましょうか?」ですが、本来は「私はあなたに対して心を向けていますよ」という意図を伝えるために発する言葉です。

**May I see it?**
そちらを見せていただけますか?

**May I speak to Ms. Mori?**
森さんとお話しできますか?

**May I have your name, please?**
お名前を教えていただけますか?
※ May I have のあとに name(名前)や contact number(連絡先)、address(住所)、signature(署名)など、知りたいことや欲しいものを添えれば、とても丁寧な聞き方になります。

◆ **おもてなし英語表現とマナー的観点からのアドバイス**

May I を使ったとても便利な表現をご紹介しましょう。これは、May I のあとに続ける動詞がとっさに出てこない時にも有効です。

**May I ＋ 動作 ＋ アイコンタクト？**

例えば、May I? と言いながら、相手の荷物を指し示せば、「お荷物をお持ちしましょうか？(May I carry your baggage for you?)」という意味になり、もし進む方向を指し示せば、「ご案内しましょうか？(May I show you the way?)」という意味になります。

もし、相手のコートをお預かりする場合には、May I? と言いながら、コートを示せば、May I take your coat? という意味になるわけです。ただし、この時に注意しなければならないのは、動作とともに、相手と「しっかりアイコンタクトをとる」ことです。目で会話をする気持ちを心がけてください。

私も JAL 時代、この表現には何度お世話になったことでしょうか。ただし、May はお客様や目上の方などには構いませんが、日常会話では丁寧すぎるニュアンスがあるので、使いすぎには注意しましょう。親しい相手との日常会話ならば、Can I ~? や Would you mind if I ~?、Would you mind me ~? がよいでしょう。

**Can I have a glass of water?**
水を1杯もらえますか？

**Would you mind if I closed the door?**
**Would you mind my(もしくは me) closing the door?**
　ドアを閉めてもよろしいでしょうか。
　※ my の代わりに me と言っても構いません。me のほうがカジュアルな表現になります。

　【知っておくと便利な表現5】でも触れましたが、この場合、返答の仕方に気をつけなければなりませんでしたよね。mind は「気にする」という意味なので、Yes. と答えると、「はい、気にします(ので、閉めないでください)」、No. と答えると、「いいえ、気にしません(ので、閉めていいですよ)」という意味になります。また、カジュアルな日常会話では、Would you を言わずに、

**(Would you) Mind if I smoke?**
　タバコを吸ってもいいですか?
　と言うこともあります。

## ◆ Let me ～.「私が～しましょう」「私に～させてください」

　もう一つ、自分からある行為を申し出る時にとてもよく使われる表現をご紹介しましょう。
　May I ~? には相手に許可を得る意味が込められていますが、let(使役動詞) me は「私にさせてください」という積極的な意味合いが込められています。

　Let me ～の形を使うと、謙虚かつ積極的なこちらの気持ちを伝え、相手にとっても気持ちよく、何かを手伝ったり助けたりすることができます。これはおもてなしだけでなく、日常生活や会社の中といった実社会でも非常に有効で、人間関係を円滑にしてくれる表現でもあり

ます。
　Are you all right?（大丈夫ですか？）と最初に言ってから使うのもよいでしょう。

**Let me help you.**
　手伝わせてください。（人助けの万能の表現）
**Let me do it.**
　私にやらせてください。
**Let me find it.**
　私が見つけてみますね。（お店の場所など）
**Let me open the door.**
　ドアを開けましょう。
**Let me carry this.**
　これをお持ちしましょう。
**Let me give you a call.**
　（あなたに）お電話をかけましょう。
**Let me give you a hand.**
　お手伝いしましょう。
**Let me show you the way./Let me show you around.**
　ご案内いたしましょう。
**Let me show you where it is. Follow me, please.**
　それがある場所に案内しますね。ついてきてくださいね。
**Let me get someone who can speak English.**
　英語が話せる者にかわります／連れてきます。
**Let me translate it（with my smartphone）.**
　（私のスマホで）訳させてください。（ネットなどで翻訳すればすべてを通訳しなくても大丈夫）

Please let me know if you have any questions.
　何か質問がございましたら、お知らせください。
Please let me know if you need any help.
　何かお手伝いが必要でしたら、お知らせください。

　駅の券売機の前や地図を持ったまま困っている人たちに、Where are you going? Let me help you(どちらへお向かいですか？　お手伝いします).これだけで、力になろうとしている意図は伝わります。簡単な英語ですが、「きっかけ作り」にはとても重要な役割を果たします。
　もし「必要ない」と言われても、こちらには毎回感情を伴った経験が残ってゆきます。いろいろな場面で応用が利きますので、積極的に使うようにしてみてください。
　スマートフォンやタブレット(なければ紙とペン！)などがあれば、話す英語が完全ではなくても人助けは容易です。

(S)

## シチュエーション別、知っておくと便利な表現7
# 説明する、手助けする

使い方や食べ方、やり方がわからずに、困っている外国人を見かけたら、自ら進んで手助けしてあげましょう。英語での説明の仕方がわからなくても、なんとこの一言で間に合ってしまう、というとても便利な表現をご紹介します。

◆ おもてなし英語表現とマナー的観点からのアドバイス
動詞 ＋ like this ＋ 動作．（このようにします）
たとえば、
(1)お箸の使い方を説明する場合、
**Please use your chopsticks like this.**
　お箸はこのように使ってください。
と言って、使い方を実演すればよいわけです。そして、この時もし外国人の方がうまく使えないようであれば、
**Shall I bring you a spoon or fork?**
　スプーンかフォークをお持ちしましょうか？
と伝えてあげれば、さらにおもてなしの気持ちが伝わるでしょう。

(2)ざるそばの食べ方がわからず、そばつゆをざるの上から直接かけてしまう外国人の方が非常に多いと聞いています。そのようなことがないように、
**I'll show you how to eat Zaru-soba./Let me show you**

5章 ◆ 心をつなぐマナーとコミュニケーションの英語

**how to eat Zaru-Soba.**
　ざるそばの食べ方をお教えしますね。
**You eat it like this.**
　ざるそばはこのように食べます。

と言って、食べ方を見せてあげれば一目瞭然ですよね。

(3)駅の切符や食堂の食券の買い方も、外国人にはあまり知られていません。もし街中で、困っている外国人を見かけたら、自ら進んで教えてあげましょう。この表現ならば簡単ですよ。

**Put your money here.**
　お金をここに入れてください。
**You do it like this./Press the button like this.**
　このようにボタンを押してください。
**Take your ticket and give it to him/her.**
　券を取って、彼／彼女に渡してください。

　言葉に詰まったら、一息で、like this ＋ 動作・ジェスチャーだけでも十分役立ちます。
　このほか、神社・仏閣での参拝の仕方や旅館での靴の脱ぎ方、温泉の入り方など、どのような場面でも応用が利きますので、これからは黙って素通りをすることのないように、積極的に教えてあげるようにしましょう。もしかしたら、そこから新たな世界が広がるかもしれません。
　このような使いやすい英語表現を覚えると、会話のき

っかけを自ら作りやすくなります。自分の意志で起こした行動は、記憶の深いところに刻まれて確実に自分の財産となります。一言発した先には想像もしなかった素晴らしい出会いが待ち受けているかもしれませんよ！　シナリオのないドラマの主人公になってみましょう。

（S）

## シチュエーション別、知っておくと便利な表現8
# 別れの挨拶

終わり良ければ、すべて良し！ 人との関わりにおいて、最後の印象も第一印象と同じくらい大切です。感謝をしっかり述べ、気持ちよく次の再会を願うよう締めくくりましょう。バリエーションに富んだ言い方を覚えましょう。

We hope to see you again.
またお会いできますように。

I'm looking forward to seeing you again.
またお目にかかれますことを楽しみにしております。

Nice talking to you.
お話しできてよかったです。

I really enjoyed talking to you!/It was really nice talking with you.
お話しできてとても楽しかったです。

You made my day!
お陰でよい一日になりました。

I hope you enjoyed your stay.
よいご滞在であったと願います。

I really had a great time.
素晴らしい時間が過ごせました。

It was great to see you.
お会いできてよかったです。

**Have a good time!**
　素敵な時間をお過ごしください！

**Good luck with your business!**
　お仕事頑張ってください！

**Have a safe flight!**
　よいフライトを！

**Enjoy your stay in Japan!**
　日本でのよいご滞在を！

**Please come back and see us again!**
　またお越しください！

**Take care!**
　お気をつけて！

**Goodbye!**
　さようなら！

(S)

# 人間関係・コミュニケーション力を高める small talk

スモールトーク(small talk)とはちょっとした世間話や雑談のことで、相手と気持ちのよい空間を共有するために、短い時間の中で楽しく会話をすることをいいます。

▷相手を褒める・興味を持つ

良い人間関係を築くために、相手をさりげなく褒めたり、「あなたに興味がありますよ！」あるいは「あなたを気にかけていますよ！」と伝えることでコミュニケーションが円滑に進みます。相手に興味関心を示す表現、会話の始めに相手にかけるとよい small talk をご紹介します。

①相手を褒める表現

**You look great!**
　お元気そうですね！

**You look very nice in blue!**
　青のお洋服がとってもお似合いですね。

②仕事の成果を褒める

**You did a fantastic job!**
　素晴らしいお仕事をされましたね！

**Great job on this project!**
　素晴らしいプロジェクトでしたね！

I really enjoyed your speech.
　スピーチ、すごく楽しかったです。
I really liked your idea.
　あなたのアイディア、素晴らしかったです。

③相手の名前を褒める
What a cool name!/I like your name./I like the way it sounds.
　いいお名前ですね。
What does it mean (in your language)?/What is it supposed to mean (in your language)?/Does it have any meaning?
　あなたのお名前には、どのような意味があるのですか？
Where does it come from?/Where does your name originate from?
　お名前の由来は何ですか？
So you were named after California, weren't you?
　つまり、カリフォルニアにちなんで名付けられたのですね？

④身につけているものを褒め、その後の会話を膨らませていく
I really like your... (tie, necklace, shoes, T-shirt, etc.).
　とても素敵な……(ネクタイ、ネックレス、靴、Tシャツ、など)ですね。
That's a cool tie.
　かっこいいネクタイですね。
Where is it from?

どちらのものですか。

**Where did you find that?**

どちらで見つけたんですか。

**What is it made of?**

素材は何ですか。

⑤相手に興味関心を示す表現

**What brought you to Japan?**

どうして日本にいらっしゃったのですか？
※"Why did you come to Japan?"だと直接すぎて強い表現に感じられてしまいます。"What brought you to Japan?"のほうがナチュラルで柔らかいニュアンスがあります。

**The culture of your country seems very interesting.**
**It's nice to have you because I can understand your culture more deeply.**

あなたの国の文化に興味があります。あなたがいるとあなたの文化をより深く理解できてうれしく思います。

**I'm very curious to know how you manage your time.**

あなたの時間管理の仕方にとても興味があります。

**I thought you might be interested in... (the movie, this article, this book, etc.).**

ひょっとして……（その映画、この記事、この本、など）にご興味がおありかもしれないと思いました。

▷もし褒められたら……

謙遜のしすぎはよくありません。日本人は昔から謙虚さや遠慮、奥ゆかしさが美徳とされ、褒められると、「とんでもないです」「そんなことありません」などと謙

遜しがちです。しかし、褒めることを美徳とする文化圏の人には、そのような対応(褒め言葉を否定する言い方)は失礼になります。

　褒められたら、「ありがとうございます。うれしいです」と素直に喜び、感謝を述べることが大切です。

「ありがとうございます。そう言っていただけて、うれしいです」
Thank you. That's very kind of you to say so.
Thank you so very much. That's a nice thing to say.
Thank you for your compliment.　※ compliment：賛辞
You think too highly of me.
　※遠慮して否定するのは、日本人の悪い癖です。

　また、何かものを勧められた時に、遠慮から、「もう一度勧めてくれるだろう」と期待して断ってしまうと、二度と勧めてくれない可能性があります。なぜなら、アメリカ人は初めから意見をはっきり伝える習慣があるため、再度勧めるのは押し付けがましいと考えるからです。
　　　　　　　　　　　　　　　　　　　　(S)

# 日本文化を英語で伝えてみよう
## ——手持ちの単語を大きく生かそう

一日1つでいいので、心に絵を描きながら音読してみましょう。ヒントは「Less is more(少ないほど豊か)」です。

直訳しようとすると大変で難しい言葉でも、「言いたいこと」を英語にすれば日本文化にしか存在しない概念も無理なく英語にできます。

これは、言葉に込められた「意図・行動・現象」を読み取ることにもなり、結果的に人の心のありようを読み取る練習にもなっていきます。書かれた言葉も、話された言葉も、同じ人間の心とつながっているのですね。

心にその内容を絵を描くようにイメージしながら声に出して練習しましょう。次第に直訳を離れて、英語が使える感覚を養うことができるようになっていきます。

一言で直訳できない日本語は「主語と動詞」の形にしていくつもの単語を組み合わせるとうまく表現できます。これらのシンプルな英語を使うとそこにはさまざまな概念やイメージを入れることが可能です。たとえば、人生における岐路に立った時、恋愛のさまざまな局面でも使うことができるわけです。

一期一会
**It only happens once.**(一度しか起こらない　→　二度とない)

Certain things are lost forever.（失われて戻らないものもある）
Now or never.（今やらなければ永遠にできない）
Once in a life time.（一生に一度だけ）

「一期一会」とは一生に一度の出会いだと思って誠意を持って相手に接するという意味。日本のおもてなしを表す代表的な言葉ですね。

栄枯盛衰／驕る平家は久しからず／兵どもが夢のあと／山高ければ谷深し
What goes up must come down.（上がったものは必ず下がる）

因果応報／輪廻転生／自業自得／縁
What goes around comes around.（物事は巡り巡って戻ってくるもの）

もののあわれとはかなさ①
Nothing lasts forever.（永遠に続くものはない）
Change comes to everything.（すべてに変化は訪れる）
The only constant is change.（変わらないのは変わることだけである）

もののあわれとはかなさ②：桜の花編（はかなさ）
No petal is free from falling.（散らない花びらは存在しない）
The falling petals show us nothing lasts forever.（散り

ゆく花びらは私たちに永遠に続くものはないと教えてくれる)

わびさび／武士は食わねど高楊枝／ひなびている／渋い／枯淡／枯木も山のにぎわい
Less is more.（少ないほど豊か）

(K)

## 多国籍理解・多国籍のマナー

　日本のおもてなしは行きすぎていて、too much だと言う外国人が意外に多いようです。日本流のおもてなしを押し付けるのではなく、お互いの文化をある程度理解したうえで、各国の文化や慣習、信条に合わせたおもてなし、さらには一人一人の個性や感性に合わせたおもてなしを提供することが大切なのではないでしょうか？
そのためには、その人自身に興味関心を持つこと、入念な事前準備（調査）が必要です。会う前におもてなしのクオリティはかなり決まっているものです。

　海外に行けば、海外に合わせる柔軟性が大切です。海外に行く時、あるいは大切なお客様を海外からお迎えする時にも、相手の国の文化風習を調べることが大切です。ネットなどを使って調べれば、簡単です。

　ここで、相手の文化を知ることの大切さがわかるエピソードを紹介しましょう。
　ある時、ギリシャの大統領が東京ディズニーランドを訪問した時、ミッキーマウスは一回も手を振らなかったそうです。なぜならば、事前にギリシャの文化を調べて、ギリシャでは人に手のひらを見せることは「侮辱（！）」を意味するということを知っていたからだそうです。
　また、以前、同時通訳者の村松増美さんの著書で読んだエピソードがあります。内閣総理大臣だった鈴木善幸ご夫妻が公式行事でバンコクを訪れた時のことです。首

相夫人が託児所を訪問された際に、同行の日本人カメラマンたちが、首相夫人にタイの子どもたちの頭を撫でてくれるようお願いをしたそうです。ところが、夫人は「この国では、子どもさんの頭を撫でてはいけないと伺っております」と答えられたそうです。

　私もJALways時代にタイ人CAから教わったのですが、タイでは頭に神様が宿っているので、触れてはいけないという習慣があるそうです。駿台の教え子であるタイからの留学生に尋ねてみたところ、万が一頭を叩いたりでもしたら、大変な騒ぎになるとのこと、また、子どもがかわいいと思う時にはほっぺたを軽くつねることがあるとのことでした。

　首相夫人はそのことを事前にきちんと勉強してこられたのでしょう。カメラマンたちは大変感心されたそうです。

　このように、文化的背景を異にする人と接触する際には、相手が嫌がることは何かを知り、それを避けることが摩擦やトラブルを少なくする第一歩だといえます。私たちが想像する以上に、国や民族によってジェスチャーやボディランゲージの持つ意味が異なる場合が多く、また、宗教や風習、食への気配りなども必要になってきます。そして、その次に、相手に何をしたら喜ばれるのかを見出すことが大切なのではないでしょうか。

### ◆ 多国籍コミュニケーションのための Q & A
Q　一般的に欧米の人たちと会う時に相手が喜ぶ手土産は何でしょうか？

A 相手の国では手に入りにくく、また興味に合うものがよいと思われます。お茶や日本酒一つとっても自国では手に入らないローカルな生産物であれば特別な感じがしますね。特別扱いされたら人はうれしいものです。自国に持って帰って「これはあそこでしか手に入らないんだ〜。現地の人が教えてくれてね〜」と話題になるような楽しさを提供できるとなおよいでしょう。帰国してからも余韻の残るお土産はいいものですよね。

Q 好ましくない贈り物は何かありますか?
A 重い物やスーツケースの中で壊れやすいものなどは避けたほうがよいでしょう。気合が入るほど、忘れがちになる盲点です。お土産もまた旅をするわけですから。

 ちょっとドキリとする笑い話ですが、「地元名産のお味噌を持っていこう」と味噌をタッパーに詰めて空港に行き、「これはプラスチック爆弾じゃないのか?」と騒ぎになったことがあるそうです。

Q お土産を渡す時に何と言って渡しますか?
A I found this for you. I hope you like it.
 ※This is a little something for you.
 ※This is not very much, but it's a little gift for you.
 ※Here's a little something for you.
※は日本語の「つまらないものですが」や「大したものではありませんが」に相当。

Q 対面の場合、会っていきなりどんな話題から切り出

せばよいでしょうか？

A　初対面の人、あまり親しくない人と話をする時、「天気・食べ物・流行のもの・共通の友人・旅行・趣味など」のさりげない話題から会話を始めることで、その後のコミュニケーションが潤い、良い人間関係の構築につながるといわれています（スモールトーク）。

　なお、ビジネスにおいては天候については、よほどいつもと違っていなければ、かえって不自然に思えます。


How was your day?
　今日はどんな日でした？

Did you have a nice day?
　よい一日を過ごされましたか？

Did you enjoy your day in Kyoto?
　京都は楽しまれましたか？

I like your pink T-shirt. It really suits you. Where did you buy it?
　ピンクのTシャツ、すてきですね。とってもよく似合ってます。どちらで買われたのですか？

The hat looks really good on you.
　その帽子、とてもよくお似合いですね。

Is this your first visit to Japan?
　日本に初めていらっしゃったのですか？

What brought you to Japan?
　どうして日本にいらっしゃったのですか？

Have you tried natto?

納豆を食べたことはありますか？

**Have you seen the movie "Alice in Wonderland"?**
『不思議の国のアリス』の映画をご覧になったことはありますか？

**What do you like to do in your free time?**
自由時間には何をするのが好きですか？

**Where are you from?**
ご出身はどちらですか？

**What is your hometown like?**
あなたの故郷はどのようなところですか？

　これらはすべてかまいませんが、本当にそれを知りたがっていたり真剣に言わないと（＝上辺の言葉だけだと）、不自然に（わざとらしく）聞こえてしまいます。心を表現するための言葉ですから。

**Q　初対面でプライバシーに関わる質問（年齢、収入、既婚か未婚か、子どもの有無など）をしたら失礼でしょうか？**
**A　人によります。**

　結婚しているかとか子どもはいるかなども相手の気持ちを考えて質問することが大切です。人によっては大丈夫。ただし（もし相手に恋心がないならば）、男女（異性）の興味から質問しているような感じに（誤解されないように）受け取られないように気をつけなければなりません。

　日本ではプライベートなことまで洗いざらい話すほう

が「誠実だ」とする考え方もありますが、これは国際的な場では絶対にやめておきましょう。誠意を持って話したつもりが「失礼で非常識」と思われては悲しいですから。さらに「この人は秘密もすぐに話してしまうんじゃないか？」とまで思われては大変なことになってしまいます。

(案)
① If you don't mind my asking, how long have you been married?
いきなりこれを尋ねるのは不自然ですが、これに通じる話題が自然に出てきたり、すでに家族について話している状況であれば大丈夫です。流れが大事です。

② May I ask you something? Would you mind if I asked your age?
①の答えと同じです。いきなり尋ねるのはちょっと変ですが、なんらかの形でその話題が出ていたり、自然にそのような会話になっていれば問題ありません。英語でも空気を読んでいる感じがしますよね？

また、聞きにくいと思う質問をする前に、May I ask, (恐れ入りますが、失礼ですが)をつけるだけで、クッション言葉の役割を果たしてくれます。
May I ask, how old are you?
　失礼ですが、年齢を伺ってもよろしいでしょうか？
　これだけでぐっと丁寧な印象に変えることのできる、

とても便利な表現です。

**Q　避けたほうがよい話題はありますか?**
**A**　一般的には、あまりよく知らない人には、政治・宗教・年齢・仕事(だいたいの年収を推測できてしまうため)・家族関係・結婚しているかや子どもがいるか(これで失敗する日本人は多いです)・お金(収入など)・性・血液型などプライベートな話題は出さないようにしたほうがよいでしょう。血液型占いは世界的には少数派のようですから。

しかし、これが当てはまらないケースもあります。たとえば、若い人は年配の人に比べて、プライベートなことも自然に気にせず話したりします。また、これらの話題が相手から出てきた場合は、適度に応じながら話すのは問題ありません。繊細な話題はあくまで相手の出方に応じる、という形を崩さないようにしましょう。

一方、相手の国の状況によっては、政治的な問題、領土問題、近代史などのテーマは避けたほうがいいこともあります。

逆にその国の料理の話題などは喜ばれて、場が盛り上がることが多くあるようです。相手の出身地を聞いてそこで一番おいしいものは何かというのを尋ねると、多くの人は心を緩めて話してくれることと思います。料理で大きな戦争はなかなか起きませんから。

**Q　レストランなどに招待する際のポイントを教えてください。**

**A** 食物アレルギーはないか？ 食べられないものはないか？（宗教上食べられない、嫌いで食べられないなど）あるいは日本で行ってみたい飲食店はないか？などと聞くのがよいでしょう。

Do you have any dietary restrictions?
　食事制限はありますか。

Is there anything you can't eat?
　食べられないものはありますか。

Is there any kind of food you don't like?
　お嫌いな食べものはありますか。

Do you have any food allergies?
　食物アレルギーはありますか。

　日本人は接待（会食・飲み会など）の席でお酒をたくさん飲む傾向があります。相手に、本人が飲みたい量（適量）以上に飲まなければならないと感じさせないことが大切です。これは日本でもアルコールハラスメントとして認知されつつあることです。

　相手にお代わりを注ぐ前に、グラス（お酒）を飲み干してもらうのはいいのですが、欧米の方々はあなたにお代わりを注いでもらおうなどとは思ってもいません（期待していません）。外国人にはこういったこと（日本人の慣習）を説明するのはいいと思いますが、本人が欲する以上に飲ませるのはいいことではありません。欧米の個人主義をこのような状況で肌で感じておくのはよいことだと思います。

　また、欧米では、公共の場で女性が男性にお酒を注ぐ

のはマナー違反です。女性からのお酌はしないように気をつけましょう。それから、これは韓国人留学生から聞いた話ですが、韓国では、儒教が根付いているため、目上の方に強い敬意を払うことが習慣づいています。このため、目上の人に正対してお酒を飲むのは無礼にあたります。そのような時には顔を少し斜め横に向けていただくそうです。

このように、外国人とお酒を飲む時にも気をつけるべき点がたくさんあります。よりよい関係を築くためにも、マナーの知識は大きな武器になるのです。

**Q** ジェンダーフリー、バリアフリーのおもてなしについて

**A** いうまでもないことですが「差別」と、相手の立場に立って行動する「おもてなし」は対極にあります。人にはジェンダー、年齢、宗教、身体的特徴など数えきれない違いと個性が存在します。一人一人の人間にその人にしかなしえない物語があるわけです。みんなが等しく違っています。また一方で、すべての人々は他者に共感され、尊厳を持って扱われることをうれしく感じます。おもてなしの極意は互いの共通点に到達するために違いを学ぼうとする姿勢のことなのです。

たとえば、電車の中で席を譲られて機嫌を損ねるご年配の方がいらっしゃるように、かつて CA 時代、機内で lady first を行ったことで、ご立腹されたご婦人もいらっしゃいました。次第に私は、lady first を当然のごとく実践(推奨)することに疑問を抱き始めるようになり

ました。
　lady first という概念自体が時代遅れになりつつありますが、きっと過去には画期的な考えであったことでしょう。lady first とはもともと、女性や老人、子どもなど社会的弱者を守るために生まれた考えでした。しかし時代が変わっても「大切に、尊厳を持って扱われたい」という気持ちは、きっといつの時代でも変わりません。

(S)

## ◆コラム5 クーデターと遭遇

　先輩からの話。以前、先輩がマニラに宿泊した際、目の前でクーデターが起こり、いつ弾丸が飛び込んできてもおかしくない状況に遭遇。バスタブの中に、CA2人で入り、身動きできずに一睡もせずに一夜を明かしたそうです。朝、銃声がやみ、バスタブから出て驚いたのが、部屋の中に銃痕が1か所あったことです。

　全世界に常にたくさんのCAが滞在しています。誰もがクーデターやテロ、天災に巻き込まれる可能性がある仕事。その中でも難を逃れるよう最善の行動を取っていかねばなりません。飛行機内での救難訓練で身につけた、CAたちの沈着冷静な判断力と行動力は、業務内外問わず発揮されています。

# あとがき

　この本はマナーのいわゆる「マニュアル本」としては決して万能ではありません。幾度かにわたりお伝えしてきましたが、マナーはそれぞれの文化や国、世代、宗教などによって千変万化してゆきます。それはあたかも私たちの話す言葉が変化してゆく様に似ています。

　たとえば私たちが使っている日本語も、地域によって、そして時代によって大きく変化してきています。それらのすべてを知ることは残念ながら私たちには無理でしょう。

　では、どうすればよいのでしょうか？

　もうおわかりですね。

　私たちは、自分たちの知っている言葉やマナーと相手の言葉やマナーとの共通点と違いをしっかりととらえ対応してゆけばよいのです。自分がどのような人間でどのような考えや文化的背景を持っているかを客観的に知っておけば、相手との違いを認識しやすくなります。

　また、相手のことをあたかも自分のことのように興味を持つことができれば、だんだんと相手の欲していることを察する、すなわち「おもてなし(Figure out what they want and give it. 欲しいものを察し、差し上げる/Walk a mile in their shoes. 相手の立場になりきる)」ができるようになります。また、相手が望まない・嫌がることもわかり、それらをスマートに避けてコ

ミュニケーションを楽しむことができます。

　そんな時に役立つのがWを使う質問でしたね。
　I wonder Who/What/Where/When/Whyで自分のことをよく知っておき、同じく相手に興味を持って良い質問をしてゆけばよいわけです。

　「マナー」も「おもてなし」も、この地球上のさまざまなところからやってくる、さまざまな人たちと心をつなぐため、誰もがどこででも磨くことができます。そしてみなさんが将来、友情、仕事、恋愛など、あらゆる局面で生きること、そしてさまざまな人と関わることを楽しみ、そして深く味わうための方法でもあります。

　そして何度か本書で言及しましたが、人生を長く生きてゆけば避けられない対立を経験することもあるでしょう。そんな時に相手の「欲していることを察する」ことは衝突やそのダメージを最小限にとどめ、自分の身を守ることにもつながります。
　また、私たち著者も含めて、人はみな感動もすれば落胆もするでしょう。
　そして成功もすれば、失敗もするでしょう。
　うまく伝わりうれしい時もあれば、誤解が避けられず悲しむこともあるかもしれません。
　しかし、そのような結果も主体的に感じ考え、行動した結果です。
　自分から行動したからこそ「この程度で済んだ」と思

うことができます。
　自分が自分であることを心から楽しみましょう。
　相手の良さや魅力に気づき、痛みを理解できる心を育てましょう。

　この本を読まれたみなさんが翼を広げ、友達を作り、一人でも多くの人たちを笑顔にしてゆくことを願ってやみません。
　さまざまな場面で、この地球上のあらゆる場所で本書で培った感覚を生かし、自分らしい人生を生ききってほしいと願っています。

　この本は、そんな未来のみなさんの役に立ってくれると著者たちは信じています。

We pray that you will spread your wings toward your continued success in the future.

## 横手尚子

学習院大学文学部英米文学科卒．JAL 国際線 CA などを経て，武蔵野学院大学准教授，駿台外語＆ビジネス専門学校講師，敬愛大学生涯学習講師，学びエイド講師，English Central おもてなし英語アドバイザー．趣味はピアノ・少林寺拳法の修行．著書『ネイリストのためのマナーと接客英会話』『おもてなし接客英会話テキストブック改定版』(English Central のテキストとして正式採用)．

## 横山カズ

関西外国語大学外国語学部スペイン語学科卒．武道・格闘技経験を生かし外国人向けナイトクラブでのバウンサー(トラブル対応業務)を経験しながら独学で英語力を磨く．英語4技能独習メソッド「パワー音読(POD)®」を開発．著書『英語に好かれるとっておきの方法』『"スピーキング"のための音読総演習』『パワー音読入門』『英語"瞬発"スピーキング』．

---

世界に通じるマナーとコミュニケーション
——つながる心，英語は翼  岩波ジュニア新書 857

2017 年 7 月 20 日　第 1 刷発行
2019 年 11 月 5 日　第 3 刷発行

著　者　横手尚子　横山カズ

発行者　岡本　厚

発行所　株式会社　岩波書店
〒101-8002　東京都千代田区一ツ橋 2-5-5
案内 03-5210-4000　営業部 03-5210-4111
ジュニア新書編集部 03-5210-4065
https://www.iwanami.co.jp/

印刷・理想社　カバー・精興社　製本・中永製本

© Shoko Yokote, Kaz Yokoyama 2017
ISBN 978-4-00-500857-5　Printed in Japan

## 岩波ジュニア新書の発足に際して

きみたち若い世代は人生の出発点に立っています。きみたちの未来は大きな可能性に満ち、陽春の日のようにひかり輝いています。勉学に体力づくりに、明るくはつらつとした日々を送っていることでしょう。

しかしながら、現代の社会は、また、さまざまな矛盾をはらんでいます。営々として築かれた人類の歴史のなかで、幾千億の先達たちの英知と努力によって、未知が究明され、人類の進歩がもたらされ、大きく文化として蓄積されてきました。にもかかわらず現代は、核戦争による人類絶滅の危機、貧富の差をはじめとするさまざまな人間的不平等、社会と科学の発展が一方においてもたらした環境の破壊、エネルギーや食糧問題の不安等々、来るべき二十一世紀を前にして、解決を迫られているたくさんの大きな課題がひしめいています。現実の世界はきわめて厳しく、人類の平和と発展のためには、きみたちの新しい英知と真摯な努力が切実に必要とされています。

きみたちの前途には、こうした人類の明日の運命が託されています。ですから、たとえば現在の学校で生じているさいな「学力」の差、あるいは家庭環境などによる条件の違いにとらわれて、自分の将来を見限ったりはしないでほしいと思います。個々人の能力とか才能は、いつどこで開花するか計り知れないものがありますし、努力と鍛練の積み重ねの上にこそ切り開かれるものですから、簡単に可能性を放棄したり、容易に「現実」と妥協したりすることのないようにと願っています。

わたしたちは、これから人生を歩むきみたちが、生きることのほんとうの意味を問い、大きく明日をひらくことを心から期待して、ここに新たに岩波ジュニア新書を創刊します。現実に立ち向かうために必要とする知性、豊かな感性と想像力を、きみたちが自らのなかに育てるのに役立ててもらえるよう、すぐれた執筆者による適切な話題を、豊富な写真や挿絵とともに書き下ろしで提供します。若い世代の良き話し相手として、このシリーズを注目してください。わたしたちもまた、きみたちの明日に刮目しています。(一九七九年六月)

## 岩波ジュニア新書

**882 40億年、いのちの旅** 伊藤明夫

40億年に及ぶとされる、生命の歴史。それをひもときながら、私たちの来た道と、これから行く道を、探ってみましょう。

**883 生きづらい明治社会 —不安と競争の時代** 松沢裕作

近代化への道を歩み始めた明治とは、人々にとってどんな時代だったのか？ 不安と競争をキーワードに明治社会を読み解く。

**884 居場所がほしい —不登校生だったボクの今** 浅見直輝

中学時代に不登校を経験した著者。マイナスに語られがちな「不登校」を人生のチャンスととらえ、当事者とともに今を生きる。

**885 香りと歴史 7つの物語** 渡辺昌宏

玄宗皇帝が涙した楊貴妃の香り、織田信長が切望した蘭奢待など、歴史を動かした香りをめぐる物語を紹介します。

**886 ⟨超・多国籍学校⟩は今日もにぎやか！ —多文化共生って何だろう** 菊池聡

外国につながる子どもたちが多く通う公立小学校。長く国際教室を担当した著者が語る、これからの多文化共生のあり方。

**889 めんそーれ！化学 —おばあと学んだ理科授業** 盛口満

料理や石けんづくりで、化学を楽しもう。戦争で学校へ行けなかったおばあたちが学ぶ教室へ、めんそーれ（いらっしゃい）！

(2018.12)

## 岩波ジュニア新書

### 888・887 数学と恋に落ちて
#### 未知数に親しむ篇
#### 方程式を極める篇
ダニカ・マッケラー
菅野仁子訳

将来、どんな道に進むにせよ、数学はあなたに力と自由を与えます。数学を研究し、女優としても活躍したダニカ先生があなたの夢をサポートする数学入門書の第二弾。式の変形や関数のグラフなど、方程式でつまずきやすいところを一気におさらい。

### 890 情熱でたどるスペイン史
池上俊一

長い年月をイスラームとキリスト教が影響しあって生まれた、ヨーロッパの「異郷」。衝突と融和の歴史とは？（カラー口絵8頁）

### 891 不便益のススメ
——新しいデザインを求めて
川上浩司

効率化や自動化の真逆にある「不便益」という新しい思想・指針を、具体的なデザイン、モノ・コトを通して紹介する。

### 892 ものがたり西洋音楽史
近藤 譲

中世から20世紀のモダニズムまで、作曲家や作品、演奏法や作曲法、音楽についての考え方の変遷をたどる。

### 893 「空気」を読んでも従わない
——生き苦しさからラクになる
鴻上尚史

どうしてこんなに周りの視線が気になるの？ どうして「空気」を読まないといけないの？ その生き苦しさの正体について書きました。

(2019.5)

岩波ジュニア新書

### 894 内戦の地に生きる ―フォトグラファーが見た「いのち」
橋本 昇

母の胸を無心に吸う赤ん坊、自爆攻撃した息子の遺影を抱える父親…。戦場を撮り続けた写真家が生きることの意味を問う。

### 895 ひとりで、考える ―哲学する習慣を
小島俊明

主体的な学び、探求的学びが重視されているなか、フランスの事例を紹介しながら「考える」について論じます。

### 896 「カルト」はすぐ隣に ―オウムに引き寄せられた若者たち
江川紹子

オウムを長年取材してきた著者が、若い世代に向けて事実を伝えつつ、カルト集団に人生を奪われない生き方を説く。

### 897 答えは本の中に隠れている
岩波ジュニア新書編集部編

悩みや迷いが尽きない10代。そんな彼らに、個性豊かな12人が、希望や生きる上でのヒントが満載の答えを本を通してアドバイス。

### 898 ポジティブになれる英語名言101
小池直己
佐藤誠司

プラス思考の名言やことわざで基礎的な文法を学ぶ英語入門。日常の中で使える慣用表現やイディオムが自然に身につく名言集。

### 899 クマムシ調査隊、南極を行く!
鈴木 忠

白夜の夏、生物学者が見た南極の自然とは? 笑いあり、涙あり、観測隊の日常がオモシロい!〈図版多数、カラー口絵8頁〉

(2019.7)

岩波ジュニア新書

### 900 男子が10代のうちに考えておきたいこと
田中俊之

男らしさって何？ 性別でなぜ期待される生き方や役割が違うの？ 悩む10代に男性学の視点から新しい生き方をアドバイス。

### 901 カガク力を強くする！
元村有希子

疑い、調べ、考え、判断するカ=カガク力！ 科学・技術の進歩が著しい現代だからこそ、一人一人が身に着ける必要性と意味を説く。

### 902 世界の神話
沖田瑞穂

個性豊かな神々が今も私たちを魅了する聖なる物語・神話。世界各地に伝わる神話のエッセンスを凝縮した宝石箱のような一冊。

### 903 「ハッピーな部活」のつくり方
内田 良・中澤篤史

長時間練習、勝利至上主義など、実際の活動から問題点をあぶり出し、今後に続くあり方を提案。「部活の参考書」となる一冊。

### 904 ストライカーを科学する
――サッカーは南米に学べ！
松原良香

南米サッカーに精通した著者が、現役南米代表などへの取材をもとに分析。決定力不足を克服し世界で勝つための道を提言。

### 905 15歳、まだ道の途中
高原史朗

「悩み」も「笑い」もてんこ盛り。そんな中学三年の一年間を、15歳たちの目を通して瑞々しく描いたジュニア新書初の物語。

(2019.10)